杭州优秀传统文化丛书
Hangzhou Youxiu Chuantong Wenhua Congshu

兴入湘湖三百里

俞梁波 著

杭州出版社

图书在版编目（CIP）数据

兴入湘湖三百里 / 俞梁波著 . —— 杭州：杭州出版社，2022.8
（杭州优秀传统文化丛书）
ISBN 978-7-5565-1674-2

Ⅰ．①兴… Ⅱ．①俞… Ⅲ．①历史人物—生平事迹—中国—古代 Ⅳ．① K820.2

中国版本图书馆 CIP 数据核字（2022）第 006059 号

Xing Ru Xianghu Sanbai Li

兴入湘湖三百里

俞梁波 / 著

责任编辑	蒋晓玉
装帧设计	李轶军　祁睿一
美术编辑	章雨洁
责任校对	陈铭杰
责任印务	屈　皓
出版发行	杭州出版社（杭州市西湖文化广场32号6楼）
	电话：0571-87997719　邮编：310014
	网址：www.hzcbs.com
排　　版	浙江时代出版服务有限公司
印　　刷	天津画中画印刷有限公司
经　　销	新华书店
开　　本	710 mm × 1000 mm　1/16
印　　张	13.75
字　　数	172千
版 印 次	2022年8月第1版　2022年8月第1次印刷
书　　号	ISBN 978-7-5565-1674-2
定　　价	58.00元

（版权所有　侵权必究）

序 言

文化是城市最高和最终的价值

我们所居住的城市，不仅是人类文明的成果，也是人们日常生活的家园。各个时期的文化遗产像一部部史书，记录着城市的沧桑岁月。唯有保留下这些具有特殊意义的文化遗产，才能使我们今后的文化创造具有不间断的基础支撑，也才能使我们今天和未来的生活更美好。

对于中华文明的认知，我们还处在一个不断提升认识的过程中。

过去，人们把中华文化理解成"黄河文化""黄土地文化"。随着考古新发现和学界对中华文明起源研究的深入，人们发现，除了黄河文化之外，长江文化也是中华文化的重要源头。杭州是中国七大古都之一，也是七大古都中最南方的历史文化名城。杭州历时四年，出版一套"杭州优秀传统文化丛书"，挖掘和传播位于长江流域、中国最南方的古都文化经典，这是弘扬中华优秀传统文化的善举。通过图书这一载体，人们能够静静地品味古代流传下来的丰富文化，完善自己对山水、遗迹、书画、辞章、工艺、风俗、名人等文化类型的认知。读过相关的书后，再走进博物馆或观赏文化景观，看到的历史遗存，将是另一番面貌。

过去一直有人在质疑，中国只有三千年文明，何谈五千年文明史？事实上，我们的考古学家和历史学者一直在努力，不断发掘的有如满天星斗般的考古成果，实证了五千年文明。从东北的辽河流域到黄河、长江流域，特别是杭州良渚古城遗址以距今5300—4300年的历史，以夯土高台、合围城墙以及规模宏大的水利工程等史前遗迹的发现，系统实证了古国的概念和文明的诞生，使世人确信：这里是古代国家的起源，是重要的文明发祥地。我以前从来不发微博，发的第一篇微博，就是关于良渚古城遗址的内容，喜获很高的关注度。

我一直关注各地对文化遗产的保护情况。第一次去良渚遗址时，当时正在开展考古遗址保护规划的制订，遇到的最大难题是遗址区域内有很多乡镇企业和临时建筑，环境保护问题十分突出。后来再去良渚遗址，让我感到一次次震撼：那些"压"在遗址上面的单位和建筑物相继被迁移和清理，良渚遗址成为一座国家级考古遗址公园，成为让参观者流连忘返的地方，把深埋在地下的考古遗址用生动形象的"语言"展示出来，成为让普通观众能够看懂、让青少年学生也能喜欢上的中华文明圣地。当年杭州提出西湖申报世界文化遗产时，我认为这是一项需要付出极大努力才能完成的任务。西湖位于蓬勃发展的大城市核心区域，西湖的特色是"三面云山一面城"，三面云山内不能出现任何侵害西湖文化景观的新建筑，做得到吗？十年申遗路，杭州市付出了极大的努力，今天无论是漫步苏堤、白堤，还是荡舟西湖里，都看不到任何一座不和谐的建筑，杭州做到了，西湖成功了。伴随着西湖申报世界文化遗产，杭州城市发展也坚定不移地从"西湖时代"迈向了"钱塘江时代"，气势磅礴地建起了杭州新城。

从文化景观到历史街区，从文物古迹到地方民居，众多文化遗产都是形成一座城市记忆的历史物证，也是一座城市文化价值的体现。杭州为了把地方传统文化这个大概念，变成一个社会民众易于掌握的清晰认识，将这套丛书概括为城史文化、山水文化、遗迹文化、辞章文化、艺术文化、工艺文化、风俗文化、起居文化、名人文化和思想文化十个系列。尽管这种概括还有可以探讨的地方，但也可以看作是一种务实之举，使市民百姓对地域文化的理解，有一个清晰完整、好读好记的载体。

传统文化和文化传统不是一个概念。传统文化背后蕴含的那些精神价值，才是文化传统。文化传统需要经过学者的研究提炼，将具有传承意义的传统文化提炼成文化传统。杭州与丛书作者在创作方面作了种种古为今用、古今观照的探讨交流，还专门增加了"思想文化系列"，从杭州古代的商业理念、中医思想、教育观念、科技精神等方面，集中挖掘提炼产生于杭州古城历史中灵魂性的文化精粹。这样的安排，是对传统文化内容把握和传播方式的理性思考。

继承传统文化，有一个继承什么和怎样继承的问题。传统文化是百年乃至千年以前的历史遗存，这些遗存的价值，有的已经被现代社会抛弃，也有的需要在新的历史条件下适当转化，唯有把传统文化中这些永恒的基本价值继承下来，才能构成当代社会的文化基石和精神营养。这套丛书定位在"优秀传统文化"上，显然是注意到了这个问题的重要性。在尊重作者写作风格、梳理和讲好"杭州故事"的同时，通过系列专家组、文艺评论组、综合评审组和编辑部、编委会多层面研读，和作者虚心交流，努力去粗取精，古为今用，这种对文化建设工作的敬畏和温情，值得推崇。

人民群众才是传统文化的真正主人。百年以来，中华传统文化受到过几次大的冲击。弘扬优秀传统文化，需要文化人士投身其中，但唯有让大众乐于接受传统文化，文化人士的所有努力才有最终价值。有人说我爱讲"段子"，其实我是在讲故事，希望用生动的语言争取听众。今天我们更重要的使命，是把历史文化前世今生的故事讲给大家听，告诉人们古代文化与现实生活的关系。这套丛书为了达到"轻阅读、易传播"的效果，一改以文史专家为主作为写作团队的习惯做法，邀请省内外作家担任主创团队，组织文史专家、文艺评论家协助把关建言，用历史故事带出传统文化，以细腻的对话和情节蕴含文化传统，辅以音视频等其他传播方式，不失为让传统文化走进千家万户的有益尝试。

中华文化是建立于不同区域文化特质基础之上的。作为中国的文化古都，杭州文化传统中有很多中华文化的典型特征，例如，中国人的自然观主张"天人合一"，相信"人与天地万物为一体"。在古代杭州老百姓的认知里，由于生活在自然天成的山水美景中，由于风调雨顺带来了富庶江南，勤于劳作又使杭州人得以"有闲"，人们较早对自然生态有了独特的敬畏和珍爱的态度。他们爱惜自然之力，善于农作物轮作，注意让生产资料休养生息；珍惜生态之力，精于探索自然天成的生活方式，在烹饪、茶饮、中医、养生等方面做到了天人相通；怜惜劳作之力，长于边劳动、边休闲娱乐和进行民俗、艺术创作，做到生产和生活的和谐统一。如果说"天人合一"是古代思想家们的哲学信仰，那么"亲近山水，讲求品赏"，应该是古代杭州人的生动实践，并成为影响后世的生活理念。

再如，中华文化的另一个特点是不远征、不排外，这体现了它的包容性。儒学对佛学的包容态度也说明了这一点，对来自远方的思想能够宽容接纳。在我们国家的东西南北甚至是偏远地区，老百姓的好客和包容也司空见惯，对异风异俗有一种欣赏的态度。杭州自古以来气候温润、山水秀美的自然条件，以及交通便利、商贾云集的经济优势，使其成为一个人口流动频繁的城市。历史上经历的"永嘉之乱，衣冠南渡"，"安史之乱，流民南移"，特别是"靖康之变，宋廷南迁"，这三次北方人口大迁移，使杭州人对外来文化的包容度较高。自古以来，吴越文化、南宋文化和北方移民文化的浸润，特别是唐宋以后各地商人、各大商帮在杭州的聚集和活动，给杭州商业文化的发展提供了丰富营养，使杭州人既留恋杭州的好山好水，又能用一种相对超脱的眼光，关注和包容家乡之外的社会万象。这种古都文化，也代表了中华文化的包容性特征。

城市文化保护与城市对外开放并不矛盾，反而相辅相成。古今中外的城市，凡是能够吸引人们关注的，都得益于与其他文化的碰撞和交流。现代城市要在对外交往的发展中，进行长期和持久的文化再造，并在再造中创造新的文化。杭州这套丛书，在尽数杭州各色传统文化经典时，有心安排了"古代杭州与国内城市的交往""古代杭州和国外城市的交往"两个选题，一个自古开放的城市形象，就在其中。

"杭州优秀传统文化丛书"团队在传统和现代的结合上，想了很多办法，做了很多努力。传统文化丛书要得到广大读者接受，不是件简单的事。我们已经走在现代化的路上，传统和现代的融合，不容易做好，需要扎扎实实地做，也需要非凡的创造力。因为，文化是城市功能的最高价值，也是城市功能的最终价值。从"功能城市"走向"文化城市"，就是这种质的飞跃的核心理念与终极目标。

2020 年 9 月

（单霁翔，中国文物学会会长）

西湖雨泛图（局部）

目 录

001	第一篇	越王勾践几落泪
019	第二篇	一位王后的心声
032	第三篇	谋臣之痛和隐士之智
050	第四篇	谢灵运的驻足之地
061	第五篇	黄冠归故乡
070	第六篇	拜访者李白和他的崇拜者
080	第七篇	白居易的梦萦之地
090	第八篇	唐诗之路源头
097	第九篇	钱镠三战铁岭关
108	第十篇	杨时之功赛东坡
119	第十一篇	湘湖：康王的避难所
128	第十二篇	陆游来了
136	第十三篇	文天祥湘湖铸忠心
145	第十四篇	国师的异乡情缘
155	第十五篇	退休高官抗争记

165	第十六篇	一句永流传
177	第十七篇	江东二毛绘奇篇
186	第十八篇	康乾二帝南巡恋湘湖
195	第十九篇	湘湖八景皆诗文
203	参考文献	

第一篇　越王勾践几落泪

1

这一日，冷风凄雨，世界变得很阴郁。隆冬已至，万物皆现肃杀之势。

年轻的越国太子勾践站在父王寝宫外，万分焦急。父王的病一日比一日重，昨日，已然气若游丝。他知道，父王一旦去世，越国的千斤重担将压在自己身上。这担子自己挑得起来吗？正当他百般惆怅之际，耳旁风声突然凄厉无比。他双眼一跳，心下一紧，迅疾奔向寝宫。

一夜哭声。

春秋末期周敬王勾二十三年（前497年），越国之王允常死，其子勾践即位。

一场大雪遮盖了大地。会稽山中白茫茫一片。越国国民尚在失去国君的悲痛之中，又传来了宿敌吴国准备进攻的消息，晴天霹雳啊。

越国城内，呈现万分紧张之势。

春秋时期，吴越两国因为地缘矛盾，征战不止。可谓"有吴则无越，有越则无吴"。且吴越交战，各有胜负，但越国负多胜少。从实力上分析，吴国地域辽阔，兵强马壮，相比之下，越国大不过百里，国力积弱。

是战？是和？

正襟危坐的勾践听着谋臣们的讨论，声音嘈杂，如同菜市场。他心里明白，越国之实力远不如吴国，如今吴国兴兵伐越，并非争抢城池，扩大疆域，而是想一鼓作气灭掉越国，永绝后患，再挥师中原。他太知道吴王阖闾的作风了。父王在世时，常提起吴王阖闾善于把握机会，且心狠手辣。这一仗要是打输了，越国就亡国了。

众臣议而不决。勾践遣散众臣后，步入寝宫。

这一夜，勾践失眠了：自己刚刚即位，根基尚浅，虽有范蠡、文种等谋臣辅佐，有一丝胜算，但一丝胜算不过是层层叠叠乌云漏出的一缕光。倘若退，退往何处？退无可退。唯有战！

不久，吴越两国交战。越国胜了。

乘兴而来，阖闾想一举灭掉越国的如意算盘被打破了。交战中，阖闾中箭，伤势极重，不几日，便去世，死前嘱咐其子夫差，勿忘杀父之仇。夫差即位，成为新的吴王。夫差能文能武，也是个狠角色。他抱着父王的遗体发誓：他日必将踏平越国！他日夜操练兵马，研究战术。

越国获胜后，举国狂欢。虽然间或有悲啼之声传来，那是在战场上失去男人和儿子的女人在哭泣。

婀娜多姿的越女，衣袂飘飘，宛若天上的仙女。勾践醉了。胜利来得太快了，快得让人难以置信。他太渴望一次胜利了。他醉眼蒙眬地看着一旁年轻的王后，这个既美丽又贤惠的女人前阵子紧锁双眉，现在也笑了。

勾践狂饮杯中酒，却流了泪。这是喜悦的泪水，也是骄傲的泪水。强大到令人窒息的吴国居然败在了自己的手下，这可是他的第一场战争啊。他回忆着吴军丢盔弃甲、抱头鼠窜的场景。假以时日，他将兴兵伐吴，一战定天下。

两年后的春天，踌躇满志的勾践决定兴兵伐吴。谋臣范蠡极力劝谏，说当前吴国上下一心，国力比阖闾在位时更为强盛，夫差更是磨刀霍霍，我王切不可妄动。此时的勾践，刚愎自用，听不进任何人的劝告。他仿佛看到了又一场胜利的狂欢。他既然能打败强大的阖闾，夫差那就更不在话下了。他断然喝令范蠡，领兵攻吴。

两国交战于夫椒（今属江苏苏州），结果越军大败。

勾践率领残部五千余人，退至钱塘江边。他不死心，也不相信自己会战败，他准备调集兵力再战。他丢不起这个面子。他觉得此次失利主要是将领不得力，遂撤换了将领，任石买为大将军。越国中有地位的长老进谏说："石买这个人，人人责备，家家怨恨，又贪图钱财，是个见识浅陋、器量狭小的人，没有治国安邦的长远之策。"勾践不听这些德高望重的长者之言，认为自己的决定是正确的。

石买性格残暴，刚愎自用，喜好争权夺利。得了权力的石买居然在大敌当前的情势下，杀掉无辜的兵士给自己立威，巩固自己的权力，结果使军中矛盾四起，大家相互之间都不敢说话了，军心涣散。

夫差有些犹豫，此时的勾践犹作困兽之斗。夫椒一战，吴国大胜，但他素知越人刚烈，单兵作战能力超强，若拼死一搏，结果尚未可知。此时，探子来报说勾践换石买为将。夫差大喜。这两年来，他除了操练兵马，也派了探子潜伏在越国，对越国众多将领之喜好与谋略均有了解。石买此人品性与能力如何，他一清二楚。他令吴军："或北或南，夜举火击鼓，画阵诈兵。"

果然，越军大乱，不战而败。

一路败退至余暨（今杭州萧山，以下统称萧山）城南浦阳江口的勾践，又悔又恨。马上召集众人开了一个紧急军情讨论会，众人将矛头指向石买。勾践下令杀了石买，以振军心。范蠡等人劝谏，越国已到了亡国边缘，不如请求投降，保存实力，以图他日东山再起。勾践心中虽一万个不情愿，但形势逼人，因为自己的一意孤行，兴兵伐吴，已然将越国拖入绝境。他没有了选择余地，只得听从劝谏，派人去递交降书。

哪知道吴国重臣伍子胥不接受，他跟夫差说："今越勾践其已败矣，君王安意，越易兼也。"伍子胥是阖闾死前托孤之臣，夫差即位之时曾夸口要将吴国分一半给伍子胥。吴王阖闾不止夫差一个儿子，且各有势力，正是在伍子胥的帮助下，夫差才从残酷的竞争中脱颖而出，当上了太子。父王死后，顺利即位。夫差对子胥言听计从。

但是此时的夫差却有些犹豫，在他看来，勾践已是丧家犬无疑，成不了什么气候了，此时主动来求降，向自己俯首称臣，这是一件很得意的事，且此事必将远扬诸国。

伍子胥洞察了夫差的内心，便再次劝谏："此越未战而服，天以赐吴，其逆天乎？臣唯君王急剿之。"让夫差趁此机会干掉勾践。夫差到底还是不敢拂了伍子胥之意，下令追击勾践。这个老头脾气很硬，说一不二。

惶惶不可终日的勾践听说伍子胥一定要杀了他，便仓皇带兵逃离，这一逃就逃到了目鱼池区域的城山之巅。

2

萧山城山，山不高，四周环水，易守难攻，是绝佳的军事要地。"会稽山上城者，勾践与吴战，大败，栖其中。因以下为目鱼池，其利不租。"

"目鱼池"即今日之湘湖（以下统称湘湖）。

得了军令，必须诛杀勾践的吴军到了此地，因无船只，暂时退而围之。吴军将领心想：小小一座山，待到山上断水绝粮之时，便是诛杀勾践之日。哪知道围了月余，未见越军下得山来，反而活得好好的，操练之声日日有。吴军将领着实摸不清山上的情况，便心生一计，令人送两条鱼干上山。哪知，山上越军竟以一双活蹦乱跳的鲤鱼回报。吴军将领心想，山上有源源不断之水，这样围下去不知要到猴年马月，且身处越国国土，风险很大，于是撤兵了。这便是"馈鱼退敌"这个典故的由来。

湘湖也成了越王勾践第一个逃生之地。

勾践获得了短暂且宝贵的喘息机会，但他知道伍子胥要取他项上人头的决心并没有改变，前路茫茫，又怕突然兵变，文种的援兵也未见踪影。他有些疑神疑鬼，长吁短叹，萎靡不振。有时，看着山下湖水荡漾，恍若

古湘湖图（引自周易藻《萧山湘湖志》）

第一篇 越王勾践几落泪

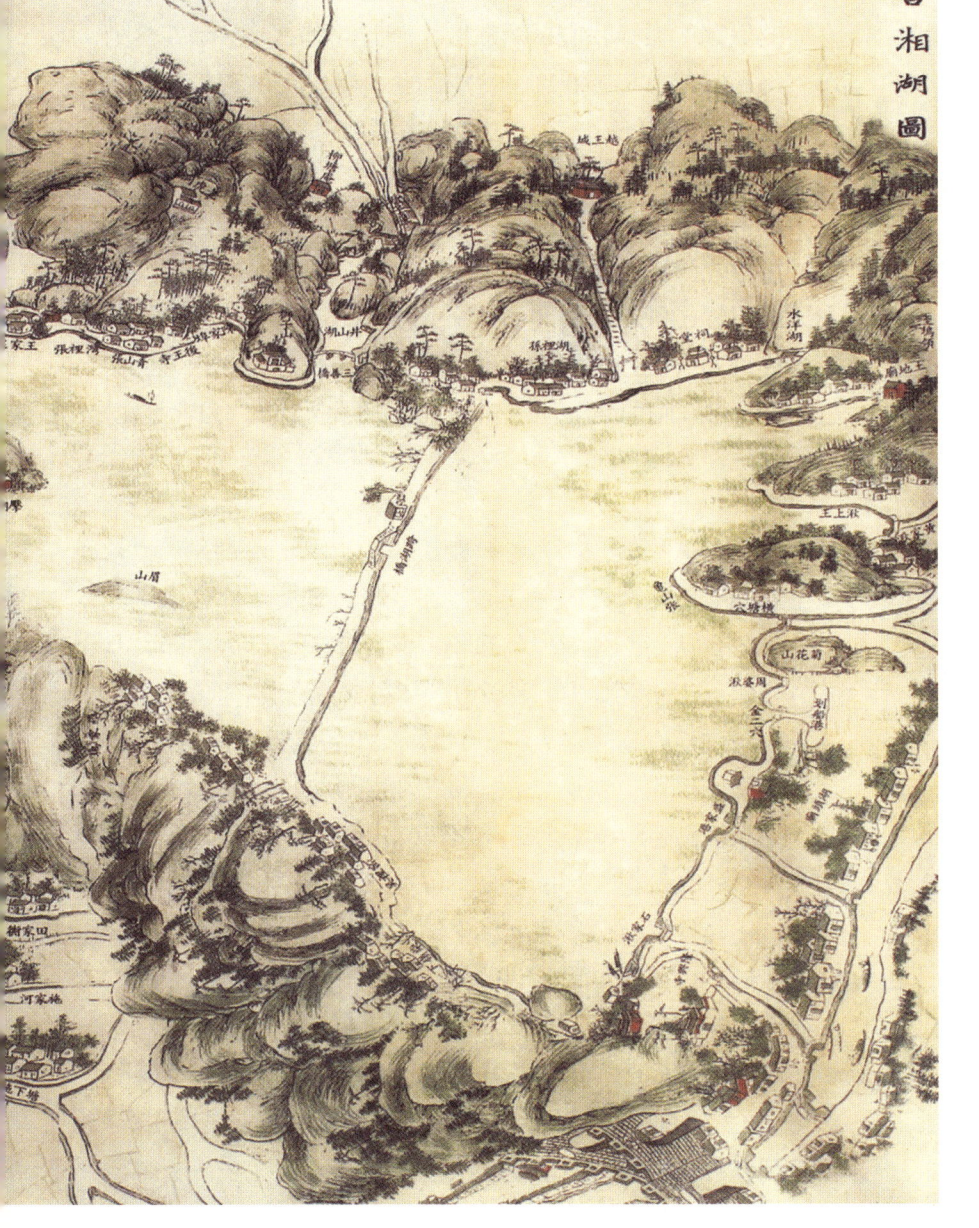

古湘湖图

007

隔世。好在范蠡不离不弃，一边开导他，一边寻思突围。

终于，在某个月黑风高夜，他们下山了。虽说外围的吴军已撤兵，但越国战败，国土沦陷，小股吴军到处都是。范蠡率领残部，一路厮杀，保护勾践逃到了萧山与绍兴交界处的一座山上。此山后称越王峥。

勾践又一次死里逃生。但这样的逃生在越国与吴国接壤之国土已基本沦陷的情况下，只是垂死挣扎。站在越王峥山顶，眺望四周，烽火四起，国民哀哭之声间或传来。勾践每晚都被噩梦惊醒，泪流满面，他觉得死亡之神总在眼前晃动。现在，一阵微风吹过，一片树叶落地，都让他胆战心惊。

幸运的是，铁了心要诛杀他的伍子胥与夫差的关系开始变僵。两人的主要分歧在杀不杀勾践这件事情上，伍子胥认为必须杀掉勾践，从此绝了吴国后患；而夫差听信大臣伯嚭谗言，认为伍子胥位高权重，倚老卖老，平时说话做事主意太大，有些不把他放在眼里，他甚至怀疑伍子胥有谋逆之心。伍子胥要杀勾践，他偏不杀。后世诸葛亮曾评价伍子胥：子胥长于图敌，不可以谋身。

公元前492年夏初，奉吴王之诏，勾践率夫人、范蠡等三百余人，过浙江（即钱塘江），入臣于吴。临行，群臣一路送勾践至浙江之上，临水祖道，军阵固陵。大家在湘湖城山下痛哭流涕，战败之国的国君去当敌国的臣，实则为奴，低人一等不说，这是莫大的耻辱，且这一去，生死未卜。

大夫文种前为祝，其词曰[①]：

皇天祐助，前沉后扬。

①此祝词最早见于东汉赵晔编撰的《吴越春秋·勾践入臣外传》。

祸为德根，忧为福堂。
威人者灭，服从者昌。
王虽牵致，其后无殃。
君臣生离，感动上皇。
众夫哀悲，莫不感伤。
臣请荐脯，酒行二觞。

译成今天的话大意如下：

　　愿上天庇佑和帮助我们，我们的国家当前虽然遭受失败的命运，但以后肯定会重新振作起来。我们现在遭受的一些苦难和灾祸其实是将来能得到福报的根源，而眼前忧患也是以后能享受福德的原因。以威风和武力来威逼别人的人终究会自取灭亡，能顺从天意的人才会兴旺发达。大王您现在虽然被俘获，处于绝境，但以后必定不会有灾难。君臣现在离别，此情感动了天帝。我们大家没有一个人不感到悲伤，我们向大王您进献肉食，并且敬酒。

　　哀悲啊，勾践深知一旦入吴，自己在世人的眼中就是夫差的奴才，就是夫差的一条狗。他"仰天太息，举杯垂涕，默无所言"。

　　文种是个聪明人，见状，他又上前祝曰：

大王德寿，无疆无极。
乾坤受灵，神祇辅翼。
我王厚之，祉祐在侧。
德销百殃，利受其福。
去彼吴庭，来归越国。
觞酒既升，请称万岁。

大意如下：

大王您的福德和寿命没有穷尽。天地能受到神灵的感应，众神灵会辅佐大王。我的大王厚待神灵，福祐就在大王的身旁。您的德能消除众祸，能享受到福德的好处。您以后必定能离开吴国，重新回到越国来。现在杯酒已经献上来，请让臣祝您万岁。

忠厚者如文种，几句既颂扬又贴心安慰的话让勾践心里稍稍好过些。他抹了抹泪，然后下令就此别过。初夏的阳光洒在身上，暖暖的，但勾践的心里却是冰凉无比，这一去，生死两茫茫。虽说之前范蠡在夫差最宠信的大臣伯嚭身上押了重注，送去金银无数，但有一个虎视眈眈的伍子胥始终盯着他。他生怕夫差哪一天突然醒悟，将他杀了；抑或伍子胥一时兴起，将他杀了。

湖水微澜。

死亡之门正在勾践眼前缓缓地启开了一条缝。他看不到一丝光亮。但必须活下来。哪怕受尽人间的各种屈辱，他也要活下来。只有活着，他才有希望回到越国，回到家乡。

3

三年光阴。

勾践生命中无法忘却的三年光阴。三年里，他经受着各种屈辱，说是臣，实为奴。如果身边没有王后和范蠡的陪伴，恐怕他早撑不下去了。每一次周旋都要竭尽全力。他每晚以泪洗面，晨起后又须强作笑颜，不得有半丝怨恨显现。他低到了尘埃里。夫差的人监视着他，他的一举一动都会被汇报给夫差。毕竟，他的性命攥在夫差手里，夫差的手只要稍稍一紧，他就将灰飞烟灭。

公元前490年，勾践返回越国。

踏上越国的土地，勾践泪流满面，屈辱的日子宣告结束了，他让夫差相信了他只是一个战败者，一个像奴才一样的无用之人。眼前的一切是那么熟悉，又是那么陌生。曾经多少次，故国在他的梦里浮现，而真回到故国，他却恍惚了。

连续几日，勾践沉默无语，像个空心人。

又一日，范蠡和文种站在了勾践的身旁。勾践看着他们双眼含泪，不禁想起了以前君臣把酒言欢的那些日子。眼前这一对谋臣忠贞不渝，不离不弃。他在吴国的三年，文种把越国打理得井井有条，获悉他要归来，把宫殿内外都彻底地清扫了一遍。范蠡就更不用说了，三年陪伴，一日都不曾离开。作为一国之君，他是不幸的，但也是幸运的。他只是无法面对这种曾经的巨大伤害，他还能不能挺直脊梁，还能不能在世人面前抬起头来？三年为奴生活就像一座山压在他的头顶。

唯有卧薪尝胆。

历史是这么记载勾践的这个惊人举动的："苦身焦思，置胆于坐，坐卧即仰胆，饮食亦尝胆也。"他还经常问自己："女（rǔ）忘会稽之耻邪？"胆，苦不可言。

这样，我们就看到了一个几近变态的人，每天重复一件令人匪夷所思之事。目的是不忘耻辱。这样的人是极其可怕的，他的毅力和决心已经到了极致。这是勾践的不二选择，毕竟此时的越国每年都要向吴国进贡，还得暗地里向吴国的诸多大臣大量行贿，越国人民生活很艰苦。经过三年苦难生活的他，已然深知民间疾苦。之后，便有中国古代史上著名的"十年生聚、十年教训"的强国措施，千方百计让越国强大起来。而且勾践与王后放低身段，与人民同生产，同耕作，生活简朴。《史记·越王勾践世家》这么记载："身自耕作，夫人自织，食不加肉，衣不重采，折节下贤人，厚遇宾客，振贫吊死，与百姓同其劳。"我们平日里说的跟群众打成一片，不分你我，勾践做到了。

这只是强国的第一步。

忠心耿耿、足智多谋的文种结合当前国力，苦思冥想，向勾践献上了"伐吴七术"。文种这个人不简单，既忠诚又有智慧，还靠得牢，他一门心思为越国努力工作。如果要评全国先进人物，他应是第一位。在勾践去吴的日子里，留守越国的文种殚精竭虑，相当于履行了代理国君的职责。文种献上的是哪七术呢？

一曰捐货币，以悦其君臣；
二曰贵籴粟槁，以虚其积聚；
三曰遗美女，以惑其心志；
四曰遗之巧工良材，使作宫室，以罄其财；
五曰遗之谀臣，以乱其谋；
六曰强其谏臣使自杀，以弱其辅；
七曰积财练兵，以承其弊。

译成今天的话大意如下：

1. 贿赂吴国的君臣，使其对越国不加怀疑；
2. 高价收购吴国干燥易存的粮食，让其没有粮

城山怀古

种，没有积聚；

3.进献美女，让吴王沉迷于美色，荒废朝政；

4.进献能工巧匠和珍贵的木料，使吴国大兴土木而国力空虚；

5.派一些会溜须拍马的人过去，极力谄媚，使吴王容易上当；

6.使正直的谏臣触怒国君，迫使他们自杀；

7.囤积财物，训练兵马，等待吴国疲敝之时，乘虚而入，使其灭亡。

这七术，术术有专攻。说阴谋诡计也好，说龌龊卑鄙下流也罢，反正其目的指向很明显——不择手段，不惜一切代价，就为灭吴。

其中，第三术，就是后来人们津津乐道的中国四大美女之首——"沉鱼"西施的传说故事，她被送到夫差身边。典型的红颜祸水。她的主要工作就是陪伴夫差，扰乱其心智，令其沉湎于酒色，不能自拔，丧失斗志。

吴国的第一重臣伍子胥是死在第六术上。公元前484年，勾践回到越国的第六年，夫差因听信谗言，便全然忘了伍子胥的伟大功绩，赐剑令他自尽。生性刚烈的伍子胥不甘心呀，他留下遗言，要家人在他死后把他的双眼挖出，挂在东城门上，好亲眼看着越国灭吴。夫差听说此事，大为震怒，于五月初五把伍子胥的尸首用鸱夷裹着抛入钱塘江中。吴国的国民同情浮在江上的伍子胥，为其在江上立祠，命名为胥山。

一年又一年。

像个农夫一样的勾践站在旷野之中，仿佛听到了此起彼伏的厮杀声。他已不再是昔日的勾践了，几年来的朴素生活，令他脱胎换骨，完全变了一个人，昔日的骄横与鲁莽荡然无存。

不远处，范蠡静伫。

他有点生范蠡的气。范蠡这些年来几次三番阻止他报仇雪耻，总是说时机还没到。一眨眼都快十年了，现在的越国弓强弩锐，兵足马壮，船只无数，空前繁荣，位于湘湖城山下的固陵港，水军们天天操练，喊杀声震天，实力足以与吴国水军拼死一搏。到底何时才可以兴兵伐吴呢？他长叹一声，然后离去。

夜色深沉，勾践辗转反侧。

他心里总有一个梗：他是不是太信任范蠡和文种了？他们两人是交情很深的朋友，一旦联手，自己将死无葬身之地。

一日，勾践宴请范蠡和文种。文种侃侃而谈，而范蠡沉默不语，目光锐利。勾践心里明白，范蠡看透了自己。他于是佯装大醉。待他们走后，勾践从床上坐了起来，直愣愣地看着窗外，圆月当空。他想起了在吴国为奴的那个晚上，月亮也是如此之圆，当时范蠡就在他身边安慰他，说把泪水擦干，要忍下去，一定要忍下去。或许，他错怪范蠡了？

机会终于来了。

公元前481年，吴王夫差与诸侯在黄池（今河南封丘县西南）会盟上争夺霸主，精兵强将尽出。国内太子留守，剩下的都是老弱之兵。范蠡认为大好的时机终于到了。他马上制定作战计划，在湘湖城山下之固陵军港集中水手两千，水师官兵四万七千人，战船数百艘，一路出海入长江，一路经钱塘江直扑吴国都城姑苏（今江苏苏州）。

勾践每天都接到探子送来的战报，他兴奋得像一条闻到了血腥味的鳄鱼。终于，他等来了攻入姑苏城的捷报。俘虏了吴国太子友、王孙弥庸、寿余姚等一干人。他很想赤着脚在宫殿里狂奔，大呼小叫，把喜讯告诉每一个人。最后，他强抑制住喜悦，平静地对王后说："我们战胜了。"王后喜极而泣。

正在黄池的夫差得知都城被越国攻破，一边破口大骂勾践，一边即刻领兵赶回。为了保全太子及众王孙的性命，他让人送来重礼，向越求和。勾践内心矛盾，他知道夫差及吴国的实力不容小觑。此次越军偷袭，是占了吴国国内空虚的便宜，真要凭实力打起来，恐怕依旧不是吴国的对手。

犹豫再三，同意媾和。

这一战，于吴国来说，国运从此衰败了。越国彻底扭转了局势。从此，越强吴弱便成了趋势。

此后，越国时不时地攻打吴国，吴国节节败退。夫差这些年的不思进取成就了卧薪尝胆、一心复仇的勾践。越国一旦崛起，势不可当。公元前478年的一场水战，足以证明。越国水军平日里在湘湖区域内的固陵军港操练，士气高涨，战斗力日强。吴越两国在笠泽（今上海吴淞江）夹水列阵，越国水军如猛虎下山，势若破竹，吴军马上便丧失斗志，不战而败。

三年后，也就是公元前475年，这是吴越两国的最后一战。

这一年，吴国遭遇了一场骇人听闻的危机。据史料记载：稻蟹不遗种。意思是说螃蟹成灾，吃光了吴国的禾稻，连谷种都没有剩下。历史给了勾践一个从天而降的机遇，越军趁机包围了吴国。此一时，彼一时，想当初吴军将勾践围在城山上，勾践几近绝望。风水轮流转，现在轮到吴王夫差绝望了，因为粮食危机，吴国动荡不安，处于崩溃边缘。

灭吴，指日可待。

大局已定。勾践再也不像以前那么焦虑了，他已经提前看到了最后一战的结局。他要看着夫差狼狈不堪，坐立不安，夜夜不得安生，就像自己当年在吴国为奴时一样。他仿佛看到了愁眉苦脸的夫差，又像热锅上的蚂蚁。他不会杀掉夫差，他要让夫差被这无边无际的羞辱折磨，永世不得安生。

公元前473年冬，越国又从城山固陵港和航坞港派出精锐之师北上。越军一路摧枯拉朽，大败吴军。吴王夫差降越。

看着眼前的夫差，往日的不可一世已荡然无存，只有惶恐不安，身体在瑟瑟发抖。这是夫差吗？这不过是一个可怜虫。勾践微微一笑。跪着的夫差始终不敢抬头。

勾践说："抬起头来。"

夫差说："罪臣不敢。"

勾践说："免你无罪，抬起头来。"

夫差抬头，看到勾践，吓得马上低头。勾践狂笑，笑声响彻宫殿内外。笑着，笑着，眼泪奔涌而出。

文种等群臣见之，不知所措，以为勾践喜极而疯。只有范蠡双目含泪，他知道勾践心里残存的一丝屈辱随着胜利之泪的流出，消失了。

老虎洞山

越王勾践赐夫差居甬东（今浙江舟山定海东），那是海边的荒芜之地，等于罪人般发配边关。夫差知道，勾践这是在羞辱自己，他既悔又恨，悔不该当初不听伍子胥，杀掉勾践以绝后患；恨只恨自己中了越国奸计，亡了国。他又羞又怒又悔又恨，便拔剑自刎了。至此，吴国灭亡。

勾践灭吴后，起兵北上，渡过淮水，和齐、晋等诸侯在徐州会盟，并向周王室进贡。周王知道现在的勾践那可是响当当的新贵，不好得罪，便派人赐给勾践祭肉，命其为伯。勾践等于得到了周天子的认可。

意气风发的勾践离开徐州，渡过淮河南下后，做了一件很豪气的事：他把淮河北岸的土地都送给了楚国，把吴国侵占宋国的土地归还给宋国，把泗水以东方圆百里的土地给了鲁国。自然，得到了好处的诸侯们都来庆贺，越王号称霸王。勾践成了春秋时期最后一位霸主。

"越兵横行于江、淮，东诸侯毕贺，号称霸王。"（《史记·越王勾践世家》）

三千越甲可吞吴。

勾践的生与死，弱与强，都与美丽的湘湖息息相关。城山上，众多遗迹尚存。湘湖边的老虎洞山，有一天然石洞，仅容一人出入，相传为勾践卧薪尝胆处。明代学者刘宗周有联："此地曾传尝胆事；我来犹忆卧薪人。"

两千五百年过去了，湘湖依旧流传着勾践和越国的众多传说，令人浮想联翩。都说光阴易逝，可是城山伫立，湘湖微澜，令人不禁感慨光阴就流淌在这里，越王勾践就站在那里，一切并没有随风而逝。

第二篇　一位王后的心声

两千五百年前，湘湖边曾有一位女子嘤嘤啼哭。

她是越王勾践的夫人，她叫雅鱼，后世也称乌鸢夫人。她为什么凄惨地哭？因为越国战败了，越王勾践要去吴国当奴才。既然越王勾践当奴才了，王后雅鱼就成了婢女。她知道这一去路途遥远，必将含辱受苦，生不如死，且不知何年能归来。在越国群臣送别他们夫妻俩去吴国，听完文种的祝词之后，平素坚强、隐忍的她在船上忍不住哭了。

越王勾践入吴为奴，与群臣别于江边，勾践夫人乃据船而哭，顾乌鹊啄江渚之虾，飞去复来，因哭而歌之，后世称《乌鸢歌》[①]：

> 仰飞鸟兮乌鸢，凌玄虚兮翩翩。
> 集洲渚兮优恣，啄虾矫翩兮云间，任厥□兮往还。
> 妾无罪兮负地，有何辜兮谴天？
> 帆帆独兮西往，孰知返兮何年？
> 心惙惙兮若割，泪泫泫兮双悬。

彼飞鸟兮鸢乌，已回翔兮翕苏。

[①] 此歌最早见于东汉赵晔编撰的《吴越春秋·勾践入臣外传》。

心在专兮素虾，何居食兮江湖？
徊复翔兮游飏，去复返兮於乎！
始事君兮去家，终我命兮君都。
终来遇兮何辜，离我国兮去吴。
妻衣褐兮为婢，夫去冕兮为奴。
岁遥遥兮难极，冤悲痛兮心恻。
肠千结兮服膺，於乎哀兮忘食。
愿我身兮如鸟，身翱翔兮矫翼。
去我国兮心摇，情愤惋兮谁识？

大意如下：

　　抬头仰望那乌鸢鸟（乌鸦和老鹰），在天空中高高又轻快地飞翔着，它们从容地聚集在水中的洲渚上，啄食小虾饱肚之后，又展翅高飞到云天，自由自在。我并没有什么罪行可辜负于大地，又有什么罪过要获谴于上天？如今，却要孤独地往西边前行，谁知道返回家园是何年何月？我的心里很悲伤，泪水纷纷下落。那些飞翔着的乌鸢鸟，已经飞回原地并收拢翅膀休息。它们一心想着要独占那些弱小

身翱翔兮矫翼

的白虾。它们为什么要在这江湖之上吃住掠夺？它们反复地飞来飞去，任意游荡，去了又回。起初为侍奉大王而离开自己的家乡，本以为可以在大王的都城里终老一生。但最终遇到了什么？要离开我的国家而去吴国为奴。苦难的岁月遥遥无期而难有穷尽之日，怀抱冤仇而内心感到无比悲痛。愁肠结成千万个结，堵塞在我的心中。我心中悲哀，哪里吃得下东西？愿我的身子就像鸟儿一样，展开翅膀，飞翔于蓝天之中。现在离开我的国家我心中极是不安，我心情愤恨可是谁又能知道？

无穷无尽的悲意像湘湖水一样荡漾开来，细读之，令人哽咽，不禁感慨命运之神总是制造出一些生离死别来。此歌既柔又刚，柔在于当看到乌鸢鸟掠食虾鱼时，那种女性天然的同情之心弥漫；刚在于她尽管内心愤恨，但却有一种对自由的无比渴望。这首《乌鸢歌》，是这位王后的心声，也是一个女人的独白。

雅鱼是个漂亮聪慧的女人，更是个深明大义的女人。她擦干泪水，搀扶着勾践跟众臣再次作别。船起航了，他们渐渐消失在众人的视线内。

江水滔滔。

在船上，曾经不可一世、狂妄自大的越王勾践低垂着头，如同被抽去了骨头。雅鱼轻轻地上前，安慰勾践。勾践微微抬头，看到雅鱼脸上泪痕未干，犹如雨后梨花。

几年前，勾践还是越国的太子。在选太子妃时，各地选送上来的秀女集聚一堂，春色满园。当他见到远离家乡来到越王宫殿的雅鱼，她眉宇间的一丝忧郁打动了他，他马上就无可救药地爱上了她。她成了太子妃。他

兴入湘湖三百里

HANG ZHOU

湘湖独木舟

们相亲相爱，很是幸福。父亲死后，他即位成了越王，王后雅鱼把后宫管理得井井有条，从未给他添麻烦。有时候，她会思念家乡，晚上站在窗前，静静地看着天空的一轮明月。

勾践再次垂下了头。

雅鱼心里明白，勾践心里既悔恨，又痛苦，甚至绝望。因为过于自负，结果亡了国，恐惧和自责快要把他压垮了。勾践这是从一个极端到另一个极端。她害怕他一时想不开，受不了内心的煎熬，投江自尽。留得青山在，不怕没柴烧。她轻轻地唱起了家乡的歌谣，那正是几年前他们第一次见面时她唱的歌谣，带着一丝淡淡的忧伤。勾践抬头，眼中含泪，又重重地点了一下头。

宫殿里的吴王夫差高高在上。

她与勾践跪着，耳畔听到了吴国大臣们的讥笑声。古往今来，成王败寇。

夫差笑着说："勾践，你可曾想到有今日？"

勾践将身子匍匐，脸几乎就要贴着地面了，颤抖着说："臣勾践乃是罪人，从此，万万不敢挑战吴王，唯吴王令。"

夫差哈哈大笑，众臣也随之大笑。

吴国重臣伍子胥突然大声道："我王，勾践此人断不可留，依臣之见，手起刀落，永绝后患。"

她的身体颤抖了一下，复归平静。她知道此人必定是伍子胥。来吴国前,她便听到勾践说伍子胥必定杀他,此人比吴王夫差还危险。她微微抬头,看到伍子胥一脸杀气。

又有吴国大臣上奏道:"越国已亡,勾践已质押我吴国,我王既然答应留他一条命,断不可反悔……"

夫差点点头。

……

这一次叩拜,就像是在鬼门关走了一遭。离开吴国宫殿,雅鱼的衣衫都汗湿了。她刚才太紧张了,心提到了嗓子眼,生怕夫差突然反悔,听伍子胥之言,杀了勾践。幸亏有人替他们说话,这些话都说到了夫差的心里。现在的夫差,何尝不是以前的勾践呢?在夫差的眼里,勾践不过是手下败将,是永远都翻不了身的奴才。

起风了。

勾践垂着头,沉默无语地走着,他每踏一步都小心翼翼,好像踏错一步就会跌落万丈深渊。在异国他乡的土地上,他们夫妻俩就像一对落单的大雁。吴越两国,以钱塘江为界,南为越国,北为吴国。两国摩擦不断,小战频繁,间或大战,百姓不得安生。她仿佛听到了遍地的哭喊声,那是无数战争的亡灵在悲号。她微微地颤抖了一下,泪水夺眶而出。

前面走着的勾践突然停下了脚步,仰望苍天。他们静静地站着,好一会儿,再继续前行。她心里越来越沉重。他们的栖身之处是石室。旁边是吴王阖闾的墓。石室简陋,如同牢房。分配给勾践的工作是洗车喂马,她则是婢女,打扫马厩。不知何故，她心里反而变得踏实，她的男人勾践太需要这种苦难的磨砺了。最知勾践者，雅鱼也。

光阴转瞬即逝。

三年里，雅鱼经受了生命中最大的屈辱。昔日的王后，今日的婢女，生活的艰苦并不能打倒她。只要活着，只要有一口气在，她相信他们一定能回到越国，回到家乡。她的意志远比勾践坚定，她的心也更能忍受痛苦。只是，她无法原谅自己的是她被玷污了。她的身体不再纯洁了。她明知道这是吴国大臣的计谋，但为了保护勾践，她必须主动钻进他们设下的圈套里，失去了贞操。她只不过是一只笼中鸟。好几次她想死，但想到她一旦死了，她身边的这个男人就支撑不下去了，她只得绝了这个念头。只是，她从勾践的目光里看到了深入骨髓的痛苦。

这一天终于到来了。

吴王夫差再一次召见他们。依旧是这个宫殿，吴王夫差依旧高高在上。只是，时隔三年，他的声音变得和软了，好像春风里飘来的。曾经强硬、令他恐惧的对手勾践变成了一条断了脊梁的狗。这是对胜利者的最大褒奖。三年里，夫差不时听到大臣说：勾践就是一个标准的奴才。

她屏声息气。

吴国大臣们的讥笑声消失了。他们都知道这三年里，勾践诚惶诚恐，卑躬屈膝，他的头永远是低着的，他的声音永远是轻微的，他的腰就没有直过一天。事实上，暗地里他们都受到了勾践的好处：越国送来的女人和金银。

只有伍子胥的声音变得既孤独又愤怒:"我王,今日不杀勾践,他日必定悔之。"

夫差道:"我意已定。勾践,你在吴国为奴三年,现在全身上下每一个毛孔都散发着奴才的味道,这味道太难闻了,我忍受不了了。"

众臣哄笑。

勾践大声道:"我永远是吴王的奴才。"

"好。好。"夫差哈哈大笑,"曾经的一国之君,现在是我的奴才,好奴才,好奴才。"

她心里像被刀刺了一下,此时的勾践真的就像一个奴才,不再是以前雄心勃勃、誓要征服吴国、成就霸业的那个奇男子了。难道时间真的会改变一个人的本性?难道他回到越国之后依旧俯首称臣,永远不敢崛起?

此时,伍子胥突然大声道:"我王,你不杀勾践,那就让臣代劳,以免天下人说我王背信弃义。"他大步逼向她身旁的勾践。她的心被提了起来。她把双臂往前伸,随时做好替勾践挡一剑的准备。她对伍子胥是又恨又怕。正是伍子胥这厮,在这三年里,千方百计来试探他们的归顺之心是真是假。甚至为了摧毁他们的意志,设计毁了她的清白。

幸好,夫差及时阻止了伍子胥的危险举动。夫差是一国之君,是要面子的,他刚刚答应给勾践留一条贱命。伍子胥本事再大,也是吴国之臣,非吴王,他不识时务,必遭报应。

上了船，勾践的脸上划过一道亮色，转瞬即逝。她看到了勾践那深不可测的心，一个复仇者正在渐渐活过来。

江水流淌。

她心里的沧桑如同江水的起伏般。她静静地看着江水，看着双手。这双曾经白嫩的高贵的手变得异常粗糙，如同农妇之手。水中，她的脸庞变得憔悴与苍老。她抬头，看着越来越远的吴国，心里升起了悲伤。

勾践走到她身边，轻声道："我们终于回家了。"

她把目光投向眼前的勾践，这个她最心爱的男人。三年肉体上的摧残并没有击垮他，他比以前更加强壮，也比以前更加坚定。只是，他的身体总是弯曲着，好像膝盖骨断了似的。挺起胸来，像个男人。她心里在呐喊，但是她终于没有喊出声来。她不知道在这一船越国人中

亭亭玉立如美人

间是否潜伏着吴国的间谍。三年的黑暗岁月，令她对所有的一切都不再相信。

船上的光阴，跟流水一样迅疾。她与勾践各怀心事，好像两个陌生人。

到达越国，越国众臣和百姓都在迎接越王勾践归来。她走在勾践的身后，看到他的身体时而挺拔，时而瑟缩。她的心也不断起伏，一会儿激动，一会儿悲伤。

当他们踏入三年未归的宫殿时，她的泪水终于夺眶而出。这宫殿里的一草一木，一桌一椅，都像上了釉似的，更加明亮。她轻轻地抚摸着殿门，想起了她第一次走进这个宫殿时的情景。那时的她惴惴不安，心怦怦地跳，她知道一旦踏进宫殿，她的一生就改变了，就再也不能回头了。她不再是普通女子，而将是越国的王后。她如履薄冰。

现在，她看到勾践的身体像打摆子一样，不知道是欣喜，还是不适。三年的奴隶生活，三年的百般压抑，三年的无数折磨，令他心性大变。他不再是以前那个在众人面前威武挺拔，在她面前柔声细语的男人。他变了。他的目光里透着阴郁之光，就连看她也是如此，这令她感到陌生和不安。她走到勾践身旁，想伸出手去握住他的手，但是，他的手很快就缩了回去，好像她的手上沾满了尘垢。她是一个令他蒙羞的女人。她像被雷击一般，看着勾践大步离去。

所有的苦难日子都过去了。

她总是天真地以为，他们这对患难夫妻，终将生死不渝。在吴国的那三年里，她天天期待着这一刻的到来。

回到越国，她觉得这一份幸福伸手可及了，她憧憬着他们未来的幸福生活。但是，她的梦想破灭了。她流泪了。她想起了三年前，在湘湖边，乌鸢们绕船而飞的场景，她想像它们一样自由飞翔，其实她只是乌鸢们嘴里的鱼虾。

她把自己关在了房子里，像一尊被石化了的雕像。她感到身体里的每一丝活力都悄悄地溜走了，穿过门缝和窗户的缝隙，飞向黑暗的地狱。她嘴里喃喃地吟唱着《乌鸢歌》：

……
心在专兮素虾，何居食兮江湖？
徊复翔兮游飏，去复返兮於乎！
始事君兮去家，终我命兮君都。
终来遇兮何辜，离我国兮入吴。
……

泪水无穷无尽地流淌着。

她知道，再也无法回到从前了。从前的那个端庄、贤惠的雅鱼早就死了，现在的雅鱼就是一个活着的鬼魂。她呆呆地坐着，等待黑夜的降临。

越国复国的声音越来越响亮了。曾经的勾践回来了，他不停地召见众臣，听取他们的强国之策。他的声音在宫殿内回荡，像无数支小箭射来射去。

她被遗忘了。

她听到了后宫里的各种流言，她一次也没有做出回应。让她们去说吧。她只是安静地坐着。门外的侍女们也在窃窃私语。她们正在议论她是不是疯了。她苦涩一笑，然后召唤侍女们进来。她要沐浴更衣。

清水洗尘，但这越国的清水却永远洗不掉吴国带给她的耻辱。她穿戴整齐，然后静静地躺在床上。她大睁着眼。她听到了无数的讥笑声、指责声，它们从各个角落钻了出来："你是个不洁之人，你被勾践抛弃了。"

一年又一年。

吴国终于灭亡了。

她像个鬼魂般躺在后宫内。勾践已经许久没有踏进此宫了。她的身体就像一盏快要燃尽的油灯。

王后处于弥留之际。

勾践站在床前，一声不吭。醒来的她隐约见到他脸上有一丝残忍的微笑。他终于俯下身子问她："你有什么话要说吗？"

"你真的爱过我吗？"她轻若蚊语。

"我是越王。我的心里只有复国、强国，我终于灭掉了吴国。"勾践说道。

男人的世界里只有称王称霸，只有战争，只有权力。女人在他们眼里，不过朝露罢了。在吴国三年的同甘共苦、患难与共、生死相依，都是过眼云烟，轻若鸿毛。一滴泪栖在她的眼角。而此时勾践离去的脚步声越来越远了，取而代之的是一群女子的欢声笑语。她们中的一个终将取代她，成为越国的王后。

又一个清晨。

这个叫雅鱼的女人，在生命的最后一刻，无声地诉说着自己的心声："我是王的女人，我是王后，我也是一个普通的女人，我需要爱……"

第三篇　谋臣之痛和隐士之智

1

　　湘湖就像一面镜子，在各个历史时期照出了人的灵魂。尤其是当年那些在湘湖活动且非凡的诸多人物，都跳不出这面历史的镜子。

　　先说越国大臣文种。他原来是楚国的一名县令，后来到越国辅佐越王勾践，任大夫。勾践这个人脾气坏，心胸狭窄，不太好相处，是有性格缺陷的人。文种这人

水墨湘湖

很有谋略，且做事实在，一旦效忠于某人，便剖心析肝，绝无二心。其实，文种倘若生在现代，他的这种性格肯定会得到女人们的青睐，他专一，不会移情别恋。

勾践心里有一个梦：要成就霸业。但凡王者，生来都有王之使命，征服各方，拓展疆域。他们都有大梦想。事实上越国在当时的各诸侯国中，国土面积小，国力弱，其实力跟楚国、齐国等大国比那不是差一截，而是差一大截。就是跟他的邻国吴国比，也是差距极远。勾践要成为霸王，只有华山一条道：挥戈吴国并征服吴国，再进军中原，方能成就霸业。

梦想很伟大，可是现实很骨感。

吴越交战，各有胜负，但越国胜少负多。偏偏勾践不信邪，特别是侥幸胜了吴王阖闾之后，野心膨胀，以为兵强马壮的吴国也不过尔尔。他要大张旗鼓，灭掉吴国。

文种赶紧去劝说勾践，暂时不要伐吴。雄心勃勃、正在兴头上的勾践对文种很是不满。文种依旧苦口婆心劝说勾践：要伐吴，也要等待时机。至少要让吴国与齐国打起来，越国才有机会。勾践不听。文种只得作罢。自从他到越国以来，勾践很器重他，但这次，勾践不想听他的了。

结果勾践败了。

这时候的勾践已经成了惊弓之鸟。他天天悲呼：我要完蛋了。一个王，从信心满满，觉得全世界都在自己脚下，到跌入悬崖，陷入绝境，战争是最大的变量。吴越夫椒之战，越国一败涂地。跌入人生最低谷的勾践此时毫无斗志，却惜命，没有像项羽一样"无颜见江东父老"

而自刎。

范蠡、文种提出马上去吴国求和。这一回，勾践同意了。文种去了吴国，见了吴王夫差。夫差听闻文种有些谋略，但见面后，觉得文种也就一般般，况且越王勾践现在已是丧家犬了，为了表示吴国的大国风范，他基本同意了文种代表越国提出的求和方案。吴国重臣伍子胥不同意啊，他要杀掉勾践。最后，方案增加一条：勾践与夫人、范蠡等人质押于吴国。若不答应，吴国大军几日内便全线压境，彻底灭了越国。

勾践面前只有两个选择：一是自刎向越国百姓谢罪，越国也就此灭了；二是去吴国当人质，生不如死。他心如死灰般地坐着，好像什么也听不见了，他只看到文种嘴唇在动着……

那一天，勾践要去吴国当人质了。越国的众臣送越王勾践至湘湖边。大家泪水涟涟，生离死别啊。勾践让文种代管越国。文种相当于越国代君主了。文种知道，这个活不好干，但他不干也没人能干了。勾践之所以把越国交给文种，也是想了几个晚上才定下来的。他身边已无可用可信任之人，在他看来，文种这个人最大的优点就是忠诚，没有二心。但是，他也是留了一手的。在文种身边埋了几个钉子，监视文种，他们可以直接向他秘密汇报，一旦文种想要称王，便诛杀之。

祸为德根，忧为福堂。
威人者灭，服从者昌。

听着文种代表百官送上的祝福之语，勾践心里的一块石头落地了，他的直觉告诉他，把国家暂时交给文种是对的。

文种目送着勾践等人离去，泪水涟涟。他觉得自己比勾践还悲伤，一国之君去敌国当人质了，那是奇耻大辱啊。回到家，文种躺在床上呜呜地哭。家人问他，何故如此？文种哭道："我王去吴，必遭苦难，我身为臣子，甘愿尝受人间各种苦，只求我王平安。"

文种一点也不敢懈怠，他把越国管理得井井有条。时不时送美女与金银给吴国的大臣们，好让他们多关照勾践，关键时候在吴王夫差面前替勾践求求情。总之，文种把事情办得很好，滴水不漏。这三年里，身负监国使命的文种做到了鞠躬尽瘁。

三年后，勾践安然无恙地回来了。

文种又组织众臣迎接勾践归国。勾践听了文种及众臣的汇报，现在的越国相当不错啊，农业生产抓得好，人民生活满意度也高，而且，大家更加团结了。他表扬了文种，然后天天想着报仇。他的那个伟大梦想再次跳了出来，在他眼前晃动。

文种便献上了伐吴七术。这伐吴七术，是文种在三年里苦思冥想，结合越国实际，经过调研，再分析吴王夫差的性格和处事方式，方才得出的结论，可操作性很强。勾践大喜。他仿佛看到越国之旗插上了吴国之城墙。

多年后，吴国灭。勾践的伟大梦想已近在咫尺。

据《吴越春秋》载，勾践既灭吴，置酒文台，群臣为乐，大夫文种进祝酒词。其词曰：

皇天祐助，我王受福。
良臣集谋，我王之德。

宗庙辅政，鬼神承翼。
君不忘臣，臣尽其力。
上天苍苍，不可掩塞。
觞酒二升，万福无极。
我王贤仁，怀道抱德。
灭仇破吴，不忘返国。
赏无所吝，群邪杜塞。
君臣同和，福祐千亿。
觞酒二升，万岁难极。

此祝词既是对勾践灭吴的功德的赞颂，又是对越国"君臣同和"的美好祝愿。因为文种觉得此时的越国终于安定了，就不要再发动战争，而应让人民过上幸福的生活。他不知道的是，勾践的目光却投向了中原：不称霸，不成王。在勾践的心里正在酝酿更大的战事，他要让天下人知晓他勾践能屈能伸，能成就大业。他们君臣之间的矛盾越来越尖锐了。文种已经成为勾践成就大业路上的一块拦路石。

某一日，文种接到了已经引退的范蠡的信，范蠡在信里说：飞鸟散，良弓藏；狡兔尽，走狗烹。意思不言而喻：现在的勾践已是中天之日，复国大业完成了，功臣就失去了利用价值，越早离开越好，以免引来杀身之祸。

文种这人老实，心想我如此忠心耿耿地辅佐勾践，为越国复国大业和强国之路做出了巨大的贡献，勾践怎么忍心杀自己呢？况且，在代为管理越国的三年里，他要有谋逆之心，早就自己称王了。他将范蠡的信烧掉了，然后笑着说："范蠡这是以小人之心度君子之腹啊，我无比忠诚于越王，他绝不会杀我。"

日子一天天地过去。

又一日，文种上朝。勾践与众臣讨论军国大事，他并不拿正眼看文种。文种感到有些失落，便凑了上去，结果勾践顾自走开了。文种一脸茫然，看到众臣也跟随勾践走开了。他百思不得其解。回到家中，躺在床上发呆。他突然想起了范蠡的信。

第二天，他让家人送信给勾践，说自己病了，要休养很长时间，请求不再上朝了。他期盼勾践能来看看他，哪怕就是走个形式也可以。勾践那儿却什么动静都没有。他心里感到了恐惧。这是多年来他第一次内心感到恐惧，难道勾践真的一点也不念旧情，一点也不顾及他的功劳？他是越国的大功臣啊，谁人不知，哪个不晓？

他望眼欲穿，最后等来的却是一把剑。

他呆呆地看着，泪水长流。送剑之人在门外等着，等着带他文种的首级去见勾践。他轻轻地抚摸锋利的剑。这是越国的剑。为了复国，他四处奔波，苦寻名师，命工匠打造了一批越国剑。这些剑在战场上欢畅舔血，令吴军胆寒。他沉浸在往事中，久久无语。

送剑之人轻轻叩门，这是在提醒他，不要拖延下去了。送剑之时，此人已经把越王勾践的话传达了：文种你当初给我出了七条对付吴国的计谋，我只用了三条就打败了吴国，剩下四条在你那里，你用这四条去地下为寡人的先王去打败吴国的先王吧。他不相信这是勾践说的话，他记得当年在湘湖边，勾践几乎是拉着他的手求他说：把我的越国管理好，你就是越国的大救星，就是我勾践一辈子的大恩人。

飞鸟散，良弓藏；狡兔尽，走狗烹。

范蠡啊范蠡，我的智慧不及你百分之一啊！文种在心里喊。休怪帝王无情，休怪世道无情，怪只怪你自己不明白这个简单的道理，你一厢情愿地认定勾践会是个特例。欲成事者，身边必聚拢一批能人贤士。一旦成事，他们个个功劳大，就成了潜在的敌人了。

兴，百姓苦。亡，百姓苦。

文种缓缓地闭上了眼睛。剑锋一过，人头落地。只是他的心在跳动的最后时刻，无比悲怆，化作支支利箭，射破屋顶，冲向天穹。

2

平吴专越祸胎深，岂是功成有去心。
勾践不知嫌鸟喙，归来犹自铸良金。

唐代诗人陆龟蒙的一首《范蠡》，几乎把范蠡一生的波折给写尽了。与此同时，到过湘湖的宋代诗人王十朋也有一首诗写范蠡，更让现代人神游四方：

久与君王共苦辛，功成身退肯逡巡。
五湖渺渺烟波阔，谁是扁舟第二人。

范蠡与文种同为辅佐越王勾践的大臣，也是勾践成就春秋霸业的主要推手。范蠡与文种两人虽是好友，但性格不同，处世方式不同，以致命运与结局也大不相同。

才华横溢的范蠡有一种强大的能力，他识时务，懂外交，善军事，知晓刚柔之道，会看透人的内心，也知道人生进退。无论是吴王夫差，还是越王勾践，抑或好友文种，他有一种置身其中，又似局外人的洒脱。他欣赏勾践的隐忍，知晓夫差的软肋，清楚文种的固执。

不听范蠡劝的勾践非要跟吴国打仗。夫椒之战，勾践落败，狼狈不堪。勾践生怕范蠡离他而去，拉着他哭诉："范蠡啊，我不听你和文种的建议，铁了心要打吴国，如今一败涂地。我没脸见你啊。"

范蠡看到勾践的眼里快速闪过一道恨意，于是慌忙跪下道："臣一心一意辅佐我王，绝无二心。"勾践方才释然。范蠡知道，勾践这人不厚道，爱记仇，在处境艰难之时，他百般隐忍，拼命讨好，一旦得势，马上就会变脸。

让勾践夫妻作为人质去吴国，这其实是范蠡的主意。

当时的情况十分危急，吴国重臣伍子胥铁了心要杀勾践，夫差的态度模棱两可。只有把勾践送到吴国去，押在那儿，才能保命。只要命在，就有希望。本来，勾践是要带文种去吴国的，但范蠡说："四封之内，百姓之事，蠡不如种也。四封之外，敌国之制，立断之事，种亦不如蠡也。"这话说得极为准确，令勾践动容。

范蠡专门就入吴事做了精细的推算：夫差这人耳根子软，又好名声，当各诸侯国听到勾践已成为他的奴才，他们自然胆寒，又听到夫差留勾践一条命在，他们便会传颂他的大度；勾践到了吴国之后，日子肯定不好过，生活上的艰苦倒是次要的，关键是内心的痛苦煎熬，只要勾践能挺过去，就有希望。他只担心伍子胥，伍子胥在吴国地位高，权力大，不近女色，不贪金银，伍子胥明着是不会杀勾践的，就怕暗地里下手。

一路上，勾践很绝望。他觉得此次入吴，必定死在吴国。但这也是没有办法的办法，也只能博一博了。范蠡知晓勾践的心事，便再三叮嘱他，到了吴国之后，马上转换身份，不再是国君了，而是吴王夫差的下属，甚至是奴才。

在吴国的三年，他陪伴着勾践，历经雨雪风霜，终于撑了过来。这期间，伍子胥用尽办法想要除掉勾践，危机一个接一个，但都被他和勾践化解了，可谓九死一生。但回到越国的他也知道，三年时间对一个战败国而言，还仅仅只是活了过来，属于大病初愈阶段；要强大，需要谋略，需要时间，更需要机会。

勾践回到越国之后，马上发布命令，要求备战。范蠡与文种一同劝说勾践，急不得，现在越国刚刚稳定下来，大王您也回来了，我们接下来要做的事就是怎么样让国家强大起来。勾践看他的目光有些怪异。他知道勾践心里有怨气。文种还在絮絮叨叨。勾践顾自离去了。文种不解地问他："大王明知越国现在还很虚弱，怎么可以兴兵呢？现在关键是让人民休养生息，让国家富起来，之后才会强起来。"他望着勾践的背影，若有所思。

过了几年，勾践又大声嚷嚷说要跟吴国打仗，要灭了吴国。范蠡马上劝阻，说时机不到。他明明知道劝阻是有风险的。这几年越国风调雨顺，国家慢慢富起来了，勾践的欲望就大起来了。在他看来，越国还没有强大到足以灭掉吴国的程度；需要分阶段来，步步为营，选择时机，一举而歼灭之。

心有不甘的勾践就像个顽童似的。又过了几年，又嚷嚷说要灭掉吴国。范蠡再次劝阻，并跟勾践说："不能着急，我们现在还需要保存实力，吴国与齐国正在打仗，此时，我们要给吴国送礼去，让吴王夫差彻底相信我们是他的大后方。"勾践十分不悦,但思来想去,最后还是依范蠡之计而行。

他们带着许多礼物,一同去了吴国。夫差很高兴,之前,伍子胥一直说放走勾践就是放走最大的敌人,看看,现在勾践来报恩了。勾践一副很低调的样子,称吴王为王,行跪礼。夫差心情愉快地说:"勾践,当年我留着你的一条命,就知道你是对我忠心之人,永远是我的奴才。"一心想杀了勾践的伍子胥当场指出勾践是在演戏,但夫差根本不听他的。更何况勾践送来了美女和众多礼物,这是进贡啊。伍子胥还在愤怒,但夫差忍他多年了,一怒之下,干脆赐剑令其自尽。

杀了伍子胥,范蠡如释重负。吴国的其他大臣不在话下,这些年,他们收了不少越国的美女和礼物,对越国再无敌意。夫差一边打仗,一边沉浸在西施的温柔乡里,衰败是迟早的事。

勾践闷闷不乐。

这一次他去吴国,虽然是以堂堂越国之王的身份去的,可夫差心里还把他当奴才。他踏进吴国宫殿的那会儿,心跳得厉害,腿突然就变软了。他痛恨自己还不够强大。越国还需要伪装,装出一副弱不禁风的样子。可夫差哪知道,此时的越国在范蠡的帮助下,在湘湖城山附近建立了军港,操练水军。勾践幻想着有一天,他像条鱼一样突然游到夫差身边,一把剑从鱼嘴里射出,击杀夫差。

范蠡除了操练水军之外,还得给勾践解闷。有时候,他们"三人帮"(勾践、范蠡、文种)还得讨论国事,分析国情,制定政策。这段岁月是他们三人的美好时光。每次范蠡看到勾践愁眉苦脸,就会上去开导。相比文种,勾践更信任范蠡，毕竟是范蠡在吴国陪伴了他三年。

不久，范蠡安插在吴国的密探来信说吴王夫差打算去参加"黄池会盟"。吴王必定会带着精锐部队赴黄池，国内正好空虚。

公元前482年，"黄池会盟"如期举行。

越国军队趁吴国精锐尽出，防备松懈，国内空虚之时，扑向吴国。简直是长驱直入，攻下了吴国的都城，抓了吴国太子和一帮王孙。正在抢夺盟主之位的夫差得知消息，急得一蹦三尺高。秀完了肌肉，便心急火燎往回赶。到达都城姑苏城，城中空无一人，又看到越国军队那个凶猛劲儿，他马上向勾践求和，想以此保全吴国实力。

勾践想一鼓作气干掉夫差，但范蠡却劝他说，见好就收。从双方的实力分析，此时的吴国精锐部队尚在，我们如果冒进，很有可能失败。我们先回越国，且等机会。

之后，吴越两国断断续续又打了几年，吴国几乎是打一次败一次。此消彼长，两国实力发生了逆转。后，吴亡。曾在黄池会盟上被鲁国、晋国国君赞"真上马可治军，下马可治国之君也"的夫差也自杀了。

大局已定。

范蠡心里明白，自己是时候离开了。他比任何人都了解勾践，二十多年来，他们同甘苦，共战斗，但如今勾践大业已成，已不再是以前那个困境中的勾践了。他感知到危险正在悄悄逼近。现在的勾践总是用一种阴冷的不信任的目光看着他，好像他的所有秘密都在范蠡手里捏着似的。范蠡把所有的权力都交出来了，一点也不留。

他的任何一点权力在勾践眼里,都是巨大的威胁。

无官一身轻。他过了一阵心情舒畅的日子,之后便请求隐退,离开越国,从此不再走仕途,过自由自在的生活。这也是他年轻时的梦想。他的理由是很充分的,勾践假惺惺地挽留了一会儿,便答应了他。据说,范蠡是带着他心爱的女人西施一同从湘湖坐船离开的,他们过上了神仙一样的生活。

范蠡的智商极高,所以经商对他来说不过是小菜一碟,不久便成了大富翁。他被后世称为财神。当然,这又是另外一个故事了。

唐朝诗人高适有诗赞范蠡:

天地庄生马,江湖范蠡舟。
逍遥堪自乐,浩荡信无忧。
去此从黄绶,归欤任白头。
风尘与霄汉,瞻望日悠悠。

归欤任白头

3

东晋世家子弟许询到达萧山的那天,风和日丽。

湘湖碧波荡漾,水鸟群飞,令人心旷神怡。他不禁长长地舒了一口气。他是逃出来的,不是从牢笼里逃出来,而是从做官这件事上逃出来。他是世家子弟,小时候就号称神童,才华横溢,按当时的世俗观点,像他这样的人当然要做官,可是他偏偏不愿做官。只得逃。逃到萧山,本想安静一阵,可是皇帝还是紧追不放,要征召他去当官。

怎么办?死也不愿当官的许询只有离群隐居了。他的做法很绝,不留一点后路。他把两处房子全卖了,所卖之钱用来修了两个寺。其中一个寺就在萧山,也就是今天的萧山祇园寺。后世的诗人们为此还专门写了诗,如唐朝诗人丘丹写了一首《萧山祇园寺》:

东晋许征君,西方彦上人。
生时犹定见,悟后了前因。
灵塔多年古,高僧苦行频。
碑存才记日,藤老岂知春。
车骑归萧詧,云林识许询。
千秋不相见,悟定是吾身。

皇帝得知此事,心里明白许询不愿当官的意志无比坚定,便再也不征召他了。

散尽家财的许询可乐了。他先是在萧山西山隐居,像个资深的探险者,手里拿着木杖,身上披着蓑衣,穿行在山中。西山不高也不险,山下便是浩瀚的湘湖。有山有湖,风光绮丽,不亦乐乎?"凭树构堂,萧然自致。"萧山的地名就是这么来的。

萧山祇园寺

　　许询游走萧山，就像鱼儿游进湖中一样。人们都知道许询在萧山，来拜访他的各地文人络绎不绝。他们谈论人生困惑，切磋诗作，偶尔也辩论。许询这个人，他既是东晋玄言诗的代表人物，又是谈话或辩论的超一流高手，粉丝众多。就连当时的晋简文帝也时不时上门来跟他辩论，天文地理，人文逸事，十分欢畅。

　　据说简文帝跟许询辩论过一个问题：今有一丸药，得济一人疾，而君父俱病，与君邪？与父邪？这个问题，就跟我们常说的，如果两个你至亲的人掉水里，你先救哪个？许询的回答是难分轻重，君父并举。简文帝没有回答，而是在许询起身离去后说：玄度不应该这样不明白。皇帝的思维与隐士的思维有着天壤之别，也难怪简文帝有些埋怨许询不给他面子。

　　隐居生活简单、朴素，需要有一颗真正淡泊的心。

当寒门子弟为功名而奔波之时，世家子弟许询却活得吊儿郎当，不务正业。人生什么才是正业呢？如果跟许询辩论，他肯定会告诉你，他的生活方式才是最好的生活方式。

许询在山上住的是简易的树屋，喝山泉水，吃农家饭，更像是一种苦行僧式的生活。事实上，散尽钱财的他已从富有的世家子弟变成了赤贫之人。没钱，光吃野果子不现实。他的吃穿用度，自有粉丝们想方设法给予解决。在粉丝们看来，许询就像一座巍峨的山峰，耸立在萧山，仰望者不计其数。

许询的朋友圈不同寻常，有王羲之、孙绰、支遁、谢安等，他们个个都是当世名流。且许询俨然是领袖。史上著名的兰亭聚会，许询参加了，可见他与王羲之的感情极深。物以类聚，人以群分。他们聚集在一起，高谈阔论，甚至为某件事的不同看法而争论，但这一切都无法改变他们之间的惺惺相惜。明月清风，薄酒一杯，无拘无束，相处甚欢。

当然，许询绝非浪得虚名之辈，除了他的性格和处世令人敬佩之外，他的诗文造诣也是数一数二的。简文帝曾称其诗："玄度五言诗，可谓妙绝时人。"可惜在岁月流逝里，今仅存《竹扇诗》一首及《白麈尾铭》等文。

竹扇诗
良工眇芳林，妙思触物骋。
篾疑秋蝉翼，团取望舒景。

大意如下：

技艺高超的工匠细细审视着竹林，精妙的构思触目而发。把竹篾劈得薄如蝉翼，编成了圆圆的月亮般洁白的竹扇。

许询摇着一把竹扇，悠然走在湘湖边。远看似仙人，近看如农夫。他喜欢山水，游来荡去，仿佛一个人间的精灵。在湘湖边生活，许询是幸福的。现代人向往的生活，许询在那时就达到了。

但是许询的烦恼也不少，一方面是慕名而来的客人多，其中也不乏无理取闹者；另一方面他乐山乐水，不喜欢在一个地方安定下来。对一个隐士来说，世间的功名利禄不过是过眼云烟，生不带来，死不带去，不值得一丝留念。

不胜其扰的许询便继续寻找下一处隐居之地。

如果说湘湖边的西山是许询在萧山的第一站，那么他的足迹几乎踏遍了萧山全境。与西山相望的北干山他也曾驻留。那时候的北干山以北，就是钱塘江，江水滔滔，一望无垠。南宋诗人徐天祐有诗作《许询园》：

高栖不受鹤书招，北干家园久寂寥。
明月空怀人姓许，故山犹自岫名萧。

徐天祐也是一位有个性的诗人，他喜欢当教授布道，不喜当官。他是许询的超级粉丝之一，据说，宋恭帝德祐二年（1276），朝廷以国库书监召，不赴，杜门读书。四方学者至越，必登门造访。他的学术影响也极大。

后来许询到达萧山楼塔镇的仙岩山，在一个山洞里静修。仙岩山风光秀美，人迹罕至，这迎合了他与世无争的性格。

北干家园久寂寥

唐朝大诗人王勃曾去寻访许询遗迹，在仙岩山留下《题镜台峰仙人石》：

> 巍巍怪石立溪滨，曾隐征君下钓纶。
> 东有祠堂西有寺，清风岩下百花春。

"仙人石"指的是仙岩山，民间传说许询曾在此隐居。由此可见，在后世文人的心目中，许询已不是一个人，而是一个仙了。他们有多么羡慕许询啊，大好河山任他行任他吟。

许询无疑是中国隐士的先驱之一，他的特立独行固然与东晋当时盛行的放浪文化风气有关联，也与当时名士们追求自由和洒脱的境界有关，如与他同时代的陶渊明也是如此。但任何有异于常人的行动都是有压力的，要经受各种考验。许询之所以令人瞩目，是因为他是一个实实在在的践行者，践行自己的理念从未改变。

世上争名夺利之人多，多少人因此而一生痛苦。在世人的眼里，许询风骨清奇，不愿当官，只想做隐士，因此刮起了一股罕见的"许询风"，令历朝历代真性情的文人追慕和效仿。

许询的这种人生态度和生活方式也影响了许多萧山本地文人，明清时的一些萧山文人以许询为榜样，不愿为官，而愿与湘湖相伴，吟诗饮酒，自在潇洒。

第四篇　谢灵运的驻足之地

中国山水诗的开创者谢灵运是个高傲之人，才华一流，放荡不羁。他也是一个失败的理想主义者，一个内心矛盾的现实主义者。他像隐士一样周游四方，纵情山水，触动情感，创作大量山水诗篇，领一时之风气，对后世的诸多诗人，如李白、王维等人影响极大，最终却因莫须有的谋逆罪被处死。他的幸与不幸，既是个人性格使然，又诠释了那个时代（南朝）的无尽悲凉。

谢灵运的足迹遍布各地，他总是在路上。然而，他之所以纵情山水，那是因为他心中的苦闷无处排遣，山水风景、自然险境像是他的情人一般，始终用各种怪异、嶙峋、惊险、奇诡吸引他、诱惑他、刺激他，令他上瘾。自然，当他征服这些山水之后，会感到所有的宁静与美好陪伴他，容纳他，与他共生同存，与他一生相连。山水不负我，我不负山水。他用他的才华、视野、感悟和灵气造就了中国山水诗的高峰。

谢灵运自然不会错过湘湖。在他的心里，相对冷清的湘湖有其独特的风韵，是他喜欢的。这也与他的性格极为契合。他在湘湖留下了著名诗作——《富春渚》：

宵济渔浦潭，旦及富春郭。
定山缅云雾，赤亭无淹薄。
溯流触惊急，临圻阻参错。
亮乏伯昏分，险过吕梁壑。
洊至宜便习，兼山贵止托。
平生协幽期，沦踬困微弱。
久露干禄请，始果远游诺。
宿心渐申写，万事俱零落。
怀抱既昭旷，外物徒龙蠖。

译成今天的话大意如下：

　　夜晚我从渔浦潭坐船，早上就可以到富春郡的城郭。遥遥看去定山有雾，赤亭山也无处停靠。船逆着水流上行，触碰到了惊急的浪涛，又靠近弯曲的江岸，受阻于参差交错的岸石。我以为自己缺乏像伯昏无人那样履险若夷的天分和定力，却也惊险地渡过了如孔子所见吕梁山一般的急流险壑。再至此处应该熟悉，两座山重叠是个重要的栖息地。我生来怀有过隐逸生活的期望，可现在的我很落魄，微弱无助，不得不奔忙于俗事。长期表现自己以求禄位，令人厌倦，今天终能远游。长久的心意渐渐得到抒发，各种杂事便不再操心。我的怀抱已经开朗豁达起来了，从此以后我要超脱于物欲之外，像龙蠖一样屈伸自如，自由自在。

　　这首诗，也像一篇山水抒情散文，信息量很大。这首诗，仿佛是谢灵运对自己的一次灵魂解剖。旅途中他看到的水流、波浪、山、雾等景象，遇到的艰难险阻，他既细致入微又生动贴切地表达出来，之后，又把这种心境提升到了观照自己的灵魂、检视自己的过去、叹息自己的今天和向往自己的明天。这首诗也像一个重大宣

千顷带远堤

言：从今往后，我谢灵运要做自己做真实的谢灵运了，而不是世俗社会中的谢灵运。

这首诗中还引用了两个典故。"亮乏伯昏分，险过吕梁壑"中，"伯昏分"说的是伯昏无人。《庄子》《列子》二书中都记载了列御寇（即列子）为伯昏无人表演射箭的故事，体现了伯昏无人临危不惧、履险如夷的非凡气魄和天资；"吕梁壑"说的是孔子在吕梁山看到一险要之处，悬流瀑布非常惊险，连鼋鼍鱼鳖都游不过去，却看到一男子在其中泰然自若地游泳唱歌，此典出自《庄子·达生》篇。之所以引用这两个典故，可见谢灵运并非软弱之人，他性格之中有属于他的刚性，也有他的无畏与执着。

诗中的"渔浦潭"就是湘湖的一部分。古时的渔浦潭又称渔浦湖、渔潭、南浦、范浦等，范围大致是沿钱塘江边的萧山区义桥镇、闻堰街道及滨江区的浦沿街道或长河街道一带。古湘湖与钱塘江相通，这样，江边的水面几乎都是湘湖的水面。

谢灵运显然是从湘湖出发，往西去富春县城（今杭州富阳区）。他坐着船来到了湘湖，下船后四处眺望，心里情绪涌动。在别人看来，这个男人的神情有些异样，仿佛心事重重。

此时的谢灵运正处于人生低谷。

他 18 岁就继承了祖父的爵位，被封为康乐公，待遇很高。由于出身名门望族，生活富裕，他对生活品质要求也极高。据说他吃什么用什么玩什么，人们都会纷纷效仿，好像这样才站在时代潮流之上。因此，说谢灵运是个潮人是完全说得过去的。如果他生活在今天，肯定是时不时上头条的人。

然而，谢灵运也有憋屈与苦闷的时候。因为在皇帝及众臣的眼里，谢灵运才华横溢不假，但绝不是雄才大略的政治家。这注定了他仕途不顺。大家表面上把他当成朋友，奉迎他、称赞他，传诵他的诗作，时不时拉他饮酒吟诗，邀请他参加各种聚会，充当台柱子，可骨子里却觉得他不过是一文人尔尔，并没有真正重视他。谢灵运如此心高气傲之人，觉得自己不被赏识重用，政治抱负得不到上层的关注，于是就经常愤愤不平。

愤愤不平的一大表现就是发牢骚、骂人、乱说话。这也是怀才不遇文人的通病。人际关系处理不好，这肯定是要付出代价的。后来，换了皇帝，新皇帝的肚量并不大，于是京官谢灵运被排挤了，外放到永嘉当太守。其实是贬谪。

带着情绪上任的谢灵运到了永嘉郡之后，游山玩水，吟诗作赋，就是不理政务。他是想通过这种行为表达内心的不满。他这么做，这个官儿肯定当不长久。大家议论纷纷。不久他就要求归隐。家里人写信劝他，毕竟，他们谢家可是响当当的名门望族，他祖父谢玄是东晋名将，是开国功臣，他们家族丢不起这个脸。但他就像入了魔，根本不予理会。皇帝有时候收到关于谢灵运为官不作为的告状信，皱皱眉，就搁一边了。在皇帝看来，谢灵运这人不过是个文人，掀不起什么大浪。

谢灵运沉溺于他的这种生活状态之中，他四处结交志同道合的朋友，他与隐士王弘之、孔淳之等一起逍遥快活，纵情山水。有人去官府衙门找他办点事，一般找不到他。他常常与朋友们在某个幽静的山堂或者某处偏僻但风光极好之地，饮酒吟诗。

第四篇 谢灵运的驻足之地

郑午昌《富春泛棹图》

好在他的才华实在是令人咋舌，了不得。否则，他肯定会吃不了兜着走。他每写一首诗，便会被传诵，一时间，名噪京城。因此，他虽然在仕途上得不到重用，但在诗文上可是收获满满。失之东隅，收之桑榆。

后来又换了皇帝，这位皇帝倒是比较欣赏他，早晚都召见他。但也是把他当成文人，与他一起谈论诗文，而不让他参与朝政大事。在谢灵运看来，比他爵位低、名气小的人都比他活得有尊严，一心想参与国家大事的他受不了这种屈辱，就不太愿意上朝了。他吊儿郎当地生活。

皇帝见之，心想这个谢灵运没有组织纪律观念，也不懂得官场生存之道，想罢免他。但两人毕竟还是有一些来往的，平日里谈论诗文，十分欢畅，更何况自己还称赞他的文章和墨迹为"二宝"。皇帝也是个聪明人，便暗示谢灵运主动辞官，给他一个台阶下。谢灵运心领神会，便上奏说自己有病，申请休假回家乡休养。

既然性格改不了，那官就不用做了。在休假期间，谢灵运天天喝酒游玩，越发放浪。早就看他不惯的御史弹劾了他。这样，谢灵运的官职就真的丢了。好在他家富有，父辈留下了庞大的资产和一批门生故吏，他不愁没钱花。有钱就任性，所以他对当官这事不太上心。但毕竟是功臣之后，世家子弟，所以皇帝后来还得让他当官。

不给大官当，不重用我，我就玩。谢灵运的足迹在此时便开始延伸开去，他探险，越危险的山越能引起他的兴趣，越能让他兴奋。而且令人吃惊的是，他为了探险，有时候干脆大兴土木，砍树、修路、架桥、建亭台，其最终目的可能只是到达山之巅罢了。他还因此发明了登山鞋，称"谢公屐"。据此看来，他心里还是有一股怨气的，这股怨气的根源在于他认为自己本事了得，可皇帝却不重用他。

不作就不会死。谢灵运一直都在作。他有时候会搞出大动静，令地方官目瞪口呆。他生来就不是一个安分的人。他要搞事情，要玩得舒畅，要活出性格。但这往往是世俗社会所不能容的。也因此，他变得有些尖刻，嘴上绝不肯失一分。他曾对会稽太守孟𫖮说："成仙得道者应该是有灵气的文人，你升天一定在我谢灵运之前，成佛一定在我谢灵运之后。"孟𫖮信仰佛教，是个老实人，他也被气得说不出话来，之后，他开始报复谢灵运，上奏皇帝说谢灵运想谋反并私自调用本郡军队防守自卫。幸亏谢灵运消息灵通，脑子还算清醒，飞骑进京上书，保住了一条命，被调了一个地方。

皇帝的恩典对谢灵运来说，就像过眼云烟。不久，他又故态复萌，天天游玩，不理政务。再次被弹劾。上头派人来抓他，他居然抓了来抓他的人，起兵叛逃。当他被抓住时，许多官员要求处死他。皇帝爱惜他的才华，再加上他的祖父谢玄有功于国家，便免去了他的官职，充军广州。

到了广州之后的谢灵运已经变成了另一个谢灵运，他不再是旅行家和探险家，也不再游离在政治之外，而是变成了一个对政治极为不满之人。最后他被卷入一起莫名其妙的事件。皇帝这一回没有放过他，而是下了诏书，命令广州官员将谢灵运就地正法。谢灵运临死之前有诗：

龚胜无余生，李业有终尽。
嵇公理既迫，霍生命亦殒。
凄凄陵霜叶，网网冲风菌。
邂逅竟几何，修短非所愍。

恨我君子志，不获岩上泯。
送心自觉前，斯痛久已忍。
唯愿乘来生，怨亲同心朕。

好一句"恨我君子志，不获岩上泯"。意思是说：遗憾的是我怀抱君子之志，却未能隐居山林以终老。纵观谢灵运一生，他终归是不甘心的。他一生都在跟别人怄气，也是跟那个时代怄气。哪怕他明知道这么做，会给自己带来无尽麻烦，他也不管不顾。他似乎没有真正检视自己的内心：在官场的无尽失意，恰好成就了他的文学高峰。

他就像南朝一个孤独的幽灵。走啊走，他走到了钱塘江边，钱塘江的涌潮天下奇观。湘湖的浩瀚辽阔，令他有君临天下之感。钱塘江的动和湘湖的静，就像两个世界呈现在他的面前。它们预示着人生的两种可能性。他似乎找到了自己一生纠结的原因所在。他的人生总是在动个不停，这已然成瘾。他需要静下来，静修与沉思。

他在湘湖边站了许久。

生命的意义在哪里？是随波逐流，顺应时势，还是桀骜不驯，自由自在？是以当大官为目标，还是留下诗作以影响后人为己任？是打破这个生活怪圈，还是依附其中，屈辱活着？是掩盖内心的骚动，还是释放这种情怀？

夜色中的湘湖像一面巨大的镜子，把他的一生映在其中。人是如此之渺小。在浩瀚的湘湖面前，渺小得不值一提。虽然他的诗篇像大风一样刮起阵阵潮流，形成了种种现象，可却刮不动国家与秩序分毫。他对这个时代的任何一次挑战，都以失败告终。他的特立独行，永

印象湘湖

远没有出路。

渡口，船来船往。

他也是一个过客，终将匆匆离去，也终将消失于这个世界。他回忆着从前的岁月，他就像一个顽童在奔跑，跌跌撞撞，他不止一次掉进沟沟壑壑里，每一次爬起来都令他心灰意冷。

风很凉。

他一直站着，船家也在催促他赶紧上岸。他抹了一把泪，回望了一下湘湖，悄然离去。他知道他变了，他不再是以前的谢灵运了。他将把自己奉献出去，献给这一片山水，献给那些热爱他的人们。

次日，谢灵运吟出了这首《富春渚》。

可惜谢灵运死得早，年仅49岁。如果他活到80岁，那么他一定会多次赴湘湖，在这面巨大的自然之镜前不断洗涤人性。死亡对谢灵运来说，并没有那般恐惧。如果他真的按照世俗社会说的"洗心革面"，那他也就不是那个真实的令人叹息的谢灵运了。

他的一生，从聪明开始，如他祖父谢玄说的："我乃生瑍（谢瑍，谢灵运之父），瑍那得生灵运。"太聪慧的人结局不一定好。祖父谢玄是一代名将，国之重臣，为这个国家建立了丰功伟业，而他最喜爱的孙子谢灵运却是这个国家的叛逆者，因谋逆罪被正法，这正是历史的最大讽刺。但是，谢灵运觉得他这一生活得值了。

第五篇　黄冠归故乡

萧山老乡贺知章是老寿星，活了 80 多岁。他这一辈子可谓特别幸运，也特别荣耀，可称"福人"。他青云直上，官居三品，耄耋致仕，退休时皇帝赠诗，太子率百官相送。大唐诗人如云，杰出者如李白、杜甫、王维等，但哪一个有贺知章这般殊荣？谁都没有。

话说贺知章回乡，沿途的地方官员闻讯都来迎送。贺知章名满天下，诗歌、书法、酒，哪一样不是顶呱呱？更何况，他是太子的老师，皇帝身边的要人。《旧唐书·音乐志》载有《玄宗开元十三年禅社首山祭地祇乐章八首》，其中迎神用的《顺和》乐章，由太常少卿贺知章所作。唐明皇在东岳泰山举行盛大的封禅活动，封禅用的乐章之一，出自贺知章之手。由此可见，贺知章在皇帝的心中地位极高。

年迈的贺知章归心似箭。四十多年前，他离开了家乡萧山，赴长安（今西安）。回乡时，他不知道家乡是否还是他记忆中的家乡？虽说按照他的安排，他的第二个儿子一直留在老家，但书信里的家乡终归不如亲眼看到的真实。他心里既激动又不安。好在此时正是大唐最鼎盛时期，国家稳定，人民安居乐业，经济和文化都处于历朝以来的最高峰。长安的繁华创造了世界奇迹，外国的使者和商人络绎不绝赴长安。

家乡越来越近了，他的心里却开始紧张起来，近乡情怯啊。快到村口时，他嘱咐身边人让他自己先进村，他们随后跟着。他走到了村口，张望一番，进入村里。狗吠、鹅走、鸡垂啄；小溪边，妇女洗涤，水映人影；远处，炊烟袅袅，偶尔飘来歌声。

他走进一条落寞的巷弄，遇到了一群玩闹的孩童。他们好奇地打量着他，问他是谁？哪里来的？他们稚气的童音瞬间打开了他的记忆之门，他想到了自己小时候的天真无邪，想起了小时候的朋友们。想到自己少年离家，在外奔波一辈子，老了，落叶归根。可是一切都物是人非，他小时候的伙伴都不在了，生命的光阴如此短暂。一切仿佛就在眼前。唯有乡音还能证明他是这儿的人。他忍不住流泪，吟出了流传千古的《回乡偶书》第一首：

回乡偶书

少小离家老大回，乡音无改鬓毛衰。
儿童相见不相识，笑问客从何处来。

80多岁的白发老翁与一群儿童的相遇而引发诗人的感慨，既真挚又感人。或许，乡愁是世界上最动人心弦的情感之一，牵动着的是沉淀在人的心灵深处的所有敏感与真实的东西。贺知章在长安的岁月华丽而体面，既是高官，又是著名诗人，两者兼而得之，呼风唤雨，朋友众多。但是，无论游子高飞到哪里，家乡就是母亲手里的那根风筝线；无论你苦与乐，家乡就是最后容纳你的地方。

那群玩闹的儿童顾自离去了。

贺知章静静地伫立，老泪纵横。当随从们走到他身边时，都愕然了。他们不知道发生了什么事令贺知章如此悲伤！贺知章擦了擦泪水，微笑着说："我终于回来了。"

贺知章的老家就在湘湖边（今萧山区蜀山街道思家桥贺家园）。少年时代的贺知章便无比聪慧，才华过人。家境富裕的他时常漫步湘湖边，浮想联翩。浩瀚湘湖便是他源源不断的灵感。他吟诗，挥毫泼墨，生活过得充实且幸福。但他心里有一个梦想：去长安，用毕生才华为国家效力。

唐武后证圣元年（695），贺知章中进士，状元，是浙江历史上第一位有资料记载的状元。到长安后，他从管教七品以上侯伯子男的子弟及有才干的庶人子弟的四门博士干起，步步高升，后任太子的老师，任官太子宾客、银青光禄大夫兼正授秘书监，因而人称"贺监"。

贺知章生逢大唐盛世，加上仕途顺利，性格旷达洒脱。

他结交了许多朋友,且嗜酒如命,号称"酒仙"。诗圣杜甫在《饮中八仙歌》中第一个就说贺知章:"知章骑马似乘船,眼花落井水底眠。"这活脱脱一个酒仙啊!

因诗文,因酒,也因他的性格和地位,朋友们自然愿意以他为中心,饮酒、吟诗、书法狂草。看看他朋友圈里的这些人:李白、杜甫、王勃、孟浩然、李适之、张旭、吴道子、钟绍京……个个都是牛人。而且,他于李白还有知遇之恩,他们的友谊超越了年龄,也超越了时空。

岁月静悄悄地流逝。

在长安生活了几十年的贺知章,已从风华正茂的青年变成了白发苍苍的老人。他生了一场大病,差点死去,这让他对生死与未来有了新的认识。于是他上奏唐明皇,请求恩准他回乡当道士。

他为什么要当道士呢?贺知章毕竟是贺知章,在官场几十年,心里跟明镜似的,算得上是官场上的老江湖了。一则他历经武则天、唐中宗、唐睿宗、唐玄宗四朝皇帝,见多识广,知道轻重。而且他在 76 岁那年,卷入了一起政治事件:开元十四年(726),惠文太子去世,礼部侍郎贺知章奉命办理太子丧事,由他负责挑选一批官员、贵族子弟充当挽郎,在出殡仪式上牵引灵柩、唱挽歌。对这些挽郎来说,这是人生中的一个重要时刻,治丧完毕,他们这些后备干部或许有被提拔任用的机会。于是,大家明里暗里都在争取成为挽郎的一员。贺知章没有办好这件事,于是一些落选的贵族子弟纷纷来到贺知章家,与他理论。他让人关了院门,又叫人架了梯子,趴在墙头向众人解释。这件事引起了轰动。贺知章因此调任工部侍郎,虽然没有降职,但可见皇帝不是很高兴。常在河边走，哪有不湿鞋？贺知章为官几十年，几乎没有做过一件不讨人喜欢的事，但这样的事终于还是来了。《旧唐书》是这么记载这件事的："有诏礼部选挽郎，知章取舍非允，为门荫子弟喧诉盈庭。知章于是以梯登墙，首出决事，时人咸嗤之，由是改授工部侍郎。"

二则因为唐代君主姓李，自称是老子李耳的后裔，对道教极为看重，社会上也是极度崇仰道教。贺知章告老请为道士，皇帝当然赞赏。其实贺知章目光锐利，他感到在盛世开元的繁华之中隐伏着暗流和危机，尤其是李林甫担任宰相，把持朝政，且能与他相抗衡者几乎没有。自己年纪大了，为免再次卷入是非当中，不如告老还乡。皇帝李隆基心中有些不舍，但看到贺知章心意已决，给贺知章一些赏赐之余，又写诗为他送行：

遗荣期入道，辞老竟抽簪。
岂不惜贤达，其如高尚心。
寰中得秘要，方外散幽襟。
独有青门饯，群僚怅别深。

译成今天的话大意如下：

他隐退想去做道士，以年老为借口辞官。我岂会不爱惜人才？但无奈他有一颗高尚之心。他在朝堂上得到奥旨精义，在世俗之外抒发隐藏在内心的情感。我让人在长安东门外设宴饯行，离别之时大家心情怅然。

这可谓最高待遇了。皇帝与贺知章畅谈，共同回忆之前的各种生活趣事，高度评价贺知章。此时的皇帝不像是皇帝了，而像是朋友。皇帝看着年迈的贺知章，心想岁月催人老。贺知章知道一旦离开长安，就再也回不来了。但叶落归根，生老病死都是人之常律。他做好了坦然面对离开人世间的准备，毕竟，跟他同一时期的一些名人名臣纷纷去世了，老朋友越来越少了。

贺知章启程离开长安的那天，阳光热烈。

皇帝还命太子与百官在长安东门外送别贺知章，场面浩大，惊动长安城。贺知章的同僚、诗友都陆续来了，他们与贺知章一一赠诗作别。一时间，送别会成了赛诗会。白发苍苍的贺知章举着酒杯，频频感谢，他心里明白，天下没有不散的宴席，他的人生宴席就要散了。他一旦离开了长安，那就是离开了权力和文化中心，他在长安的所有作为与辉煌都将成为记忆。只是，他心里始终挂念一个人。他左顾右盼，没有看到李白的身影。他知道李白又云游四方去了，心里不免有些怅然。

昔日朝中臣，今日平民身。

已重病缠身的贺知章在萧山的二儿子家中休养，皇帝之前给他的各种待遇令他衣食无忧。但是他在会稽（今绍兴）生活居住的大儿子日子过得一般，他心里很是挂念，他决定起身去看大儿子。

在某一天，他再次启程了。这一走，就再也没有回来。贺知章毕竟岁数大了，身体状况一日不如一日。终于，他到了生命的最后一刻。在弥留之际，他吟出了《回乡偶书》第二首：

离别家乡岁月多，近来人事半消磨。
惟有门前镜湖水，春风不改旧时波。

光阴并没有忘记贺知章，他写下的《回乡偶书》千古流传。诗作情真意切，直指人情人性深处。世界上再无第二个贺知章了。

李白也没有忘记贺知章，当他知道贺知章去世之后，独坐饮酒，神情黯然。他回忆着当年在长安时，两人把酒言欢，结下忘年之交。他一边饮酒，一边流泪，写下了《对酒忆贺监二首》：

其一
四明有狂客，风流贺季真。
长安一相见，呼我谪仙人。
昔好杯中物，翻为松下尘。
金龟换酒处，却忆泪沾巾。

其二
狂客归四明，山阴道士迎。
敕赐镜湖水，为君台沼荣。
人亡余故宅，空有荷花生。
念此杳如梦，凄然伤我情。

雨中荷

第一首主要说的是他与贺知章的交往。贺知章性格奔放，号"四明狂客"。他们在长安遇见，贺知章看了李白的诗，大为吃惊，称李白为"谪仙人"。他拉着李白去酒楼喝酒，酒喝得十分尽兴。"金龟换酒"是一个典故：贺知章与李白喝酒恨不得一醉方休，待酒保要钱时，贺知章一摸钱包，忘带了，他便毫不犹豫地解下随身佩戴的金龟递给酒保，当做酒钱。这金龟非寻常之物，只有三品以上的官员才有资格佩戴。在贺知章看来，发现并结交天才诗人李白，两人把酒喝好比什么都重要，他根本不在乎金龟。后来，这"金龟换酒"便成了千古佳话，流传至今。李白一想起这事，泪水就湿了枕巾。

第二首是李白对贺知章的怀念。从诗中看，李白应该是到了贺知章的老家。"人亡余故宅，空有荷花生"，真实而贴切。想象李白站在贺知章的故宅前，人去楼空，看着门前池塘里的荷花，悲伤就像空气一样，源源不断地涌来……

除了李白，还有杜甫，他也深深怀念贺知章，在他的诗作《遣兴五首》中的第四首写的就是贺知章：

　　贺公雅吴语，在位常清狂。
　　上疏乞骸骨，黄冠归故乡。
　　爽气不可致，斯人今则亡。
　　山阴一茅宇，江海日凄凉。

"黄冠归故乡"中的"黄冠"指的是道士的帽子，贺知章的确是以回乡当道士为理由离开长安的。从年龄上分析，杜甫与贺知章可能交往极少，但在杜甫的眼里，贺知章绝对是重量级的人物，他在《饮中八仙》中将贺知章列在第一位，之后才是李琎、李适之、崔宗之、苏晋、李白、张旭、焦遂。世人皆知贺知章与李白是忘年之交，荡气回肠，成就了一段诗坛佳话。但杜甫对贺知章的欣赏与推崇，更显贺知章为人处世以及真性情的可贵之处。贺知章的诗作存世并不多，但每一首都是经典。

在中国历史长河里，一个著名的诗人永远比一个一品大员更有价值。贺知章的经历并不坎坷，相比大唐的其他诗人，他是幸运的，也是幸福的。他没有生活困顿之苦，也无不被欣赏之郁，更无战乱国破之痛。在大唐的黄金时代，他成就了自己，也成就了像李白一样的更多的伟大诗人。他去世后，唐朝诸多诗人曾来他的故居凭吊，他们怀念他，怀念那个美好时代，那是属于他们的时代。如与李商隐并称"温李"的唐朝诗人温庭筠专程赴贺知章故居，写下了《题贺知章故居叠韵作》：

> 废砌翳薜荔，枯湖无菰蒲。
> 老媪饱藁草，愚儒输逋租。

诗中呈现的景象，令人感到凄凉。人生在世之时，荣光耀眼，人来客往，一旦离世，便是落寞，便是萧条，或许不久就会出现诗中所说的"废砌"之景。

后来成为唐肃宗的李亨，也就是贺知章曾经的学生，在平息"安史之乱"后，某一日突然想起了老师贺知章，含泪写下了"器识夷淡，襟怀和雅，神清志逸，学富才雄"的评价，还专门下了诏书，追赠贺知章为"礼部尚书"。那一年距贺知章去世已十多年了。倘若贺知章地下有知，自己的一辈子真的是功德圆满了。

第六篇　拜访者李白和他的崇拜者

> 海神来过恶风回，浪打天门石壁开。
> 浙江八月何如此，涛似连山喷雪来。

那一日，大唐最杰出的诗人李白在钱塘江边看到潮水汹涌澎湃，不禁想起了他曾经写过的《横江词》（其四），也只有眼前的钱塘江的潮水可以与之匹敌。此时的他，内心满是忧虑。他隐约觉得国家大厦正在摇晃，有一股邪恶的力量正在快速生长。虽然他不在长安了，过的是一种流浪般的生活，但心里却念念不忘长安，那是他成就人生巅峰的地方。

他要去永兴（今萧山）和会稽（今绍兴），此行对他来说有着特殊的意义，主要是祭拜两个人，一个是早就死去之人：许询；一个是刚去世不久的老人，他的忘年交：贺知章。

从西陵渡口下船，他看到了辽阔的湘湖。此时的湘湖，风平浪静，水波荡漾，宛如一面巨大的镜子。李白愕然了。他刚刚领略了钱塘江的汹涌澎湃，那潮水声势浩大，击打堤岸时，场面极其壮观。如果说钱塘江像一位力大无比乱发脾气的壮汉，那么眼前的湘湖宛如一位安静素雅的姑娘，静静地看着他。他不禁陷入了沉思。

名满天下的李白心高气傲。他成为唐玄宗御用文人的那段光阴，时不时的奉诏之作令他感到厌倦。他时常喝得酩酊大醉，借此遣散心中的郁闷。有时候皇帝让人来叫他上朝，他也不去。有时候他还在醉眼迷离之时，奉命起草诏书。最经典的一次是他引足令高力士脱靴。皇帝与杨贵妃饮酒作乐，心血来潮想编些新曲，让人叫李白来填歌词，可是太监找了一圈也没找着李白，原来他去街上喝酒了。太监在酒楼找到李白，发现他醉得一塌糊涂，他们把他塞进轿子送到了宫里。李白东倒西歪地下轿，太监们也是没有办法，泼了一盆凉水想让他醒酒。李白略微有些清醒。皇帝见之，虽有不悦，但也不说什么，令太监们备好笔砚，让李白把歌词写出来。李白坐下刚提起笔，觉得靴子套在脚上很不舒服，眼睛一瞟，发现平日里深得皇帝宠信且狐假虎威的高力士就在旁边，便把脚往他跟前一伸，说，把靴子给我脱了。快要气疯了的高力士知道皇帝急等李白的歌词，于是，强压心中怒火，跪下来给李白脱掉靴子。李白脱了靴，大笔一挥，三首《清平调》完成，皇帝读之，十分高兴，马上命乐工依曲歌唱。因为这件事，李白自然成了高力士心里最恨之人，于是就常在皇帝跟前说他的坏话。时间长了，皇帝心里就不爽了，渐渐疏远了李白。不到三年，李白就离开了长安。

他的狂放令他眼里没有他人，这更像是天性。在他看来，他李白就是大唐独一无二的诗人，他的想象、他的才华、他的诗句就如同仙人下凡般浑然天成。但其实他心里也有崇拜之人，如许询，如贺知章，在他的心里，这两人分量很重。准确地说，许询给他的是一种理想和浪漫主义状态，而贺知章于他则有知遇之恩和深情厚谊。

先说许询这个人。他的潇洒与归隐、他的智慧与风骨是文人们的另一个梦想。但是为了生计，他们要做官，要有薪水，要过俗人一样的日常生活，要处理各种烦心事，尽管在心里他们无比向往像许询一样自由自在、无须顾虑、无所畏惧的生活。他们心里有一个绝美的世外桃源。

李白也是如此。他的命运几经沉浮，日子过得并不舒畅。年轻的时候，他在山中读书，仗剑出游，结交各种朋友，像一个浪迹江湖的诗人，更像一个没有归宿的游侠。30岁左右，李白到达长安，虽然也结识了一些人，很想见到唐玄宗，但却没有机会。他穷困潦倒，有些自暴自弃。之后，他又隐居农村，种田、读书。后来机缘巧合，终于得到了皇帝的赏识，成为御用文人，但他又厌倦这样的生活，且不讨人喜欢。之后离开长安，后来还遭遇了"安史之乱"……李白觉得自己不纯粹是一个诗人，而是有大抱负之人，但他的才华过于耀眼，遮蔽了他的政治抱负。

作古的东晋许询早已化作仙人了，但关于他的传说和故事延续到了大唐，依旧是神秘的，令人心向往之的。在诸多大唐诗人的心里，许询几乎满足了他们所有的理想：出身世家，多金，风流，有雄辩之才，甘于抛掉一切，游历诸地，择地隐居，苦修，令四方文人如潮水般涌来并膜拜，最后羽化成仙。生活一直处于漂泊之中且内心矛盾的李白自然也不能免俗，他需要许询这位优秀的前辈给他一个明示，或者给他一种指引。

李白探访许询在萧山的足迹，湘湖是第一站。

他站在湘湖边，其时正是夏季，凉风阵阵，令他心旷神怡。他心里总想着，许询是怎么样的一个人？仙风道骨，还是如邻家大哥般？他内心更喜欢一个真实的狂放的许询，而不是一个人们传颂的神乎其神的不食人间烟火的许询。魏晋风流，惊世骇俗，许询真正做到了放下一切。

他眺望萧然山，山不高，但灵气外溢。他微微地闭上双眼，仿佛看到了许询策杖而行，脸上带着微笑。每个人都有自己的顶峰。隐士生活就是许询的顶峰。李白欣赏的正是这一点。"那么，我呢？"李白自问。

李白慢慢地走着，那些过往在他眼前闪现……少年时，他就立志做一个隐士，与世无争。但命运不断垂青于他，又不断抛弃他。他像一只掉在水里的飞蛾，每一次挣扎，想起飞，却总是压力重重。他很想做一个超凡脱俗的人，像许询一样归隐山林，无拘无束，从此不再受名利之诱惑。然而，总是有一只无形的手在拉扯着他，不让他脱离轨道，盛名害人啊！李白在心里呐喊：人人都知我李白才高八斗，狂放不羁，可又有谁知道我内心之苦，苦于没有知己？或许只有许询知道。所以这些年，他像许询一样活着，走遍天下名山大川，只为了排解内心的孤独与无奈。

天下只有一个许询。

天下也只有一个李白。

李白突然释然了。他觉得许询要是知道自己来找他，必会跟他饮酒作诗，谈经论道，会把人性深处的幽暗彻底呈现之后再照亮。他们会促膝而谈，不醉不归，抑或仰天大笑，声惊归林之鸟。眼前悠悠的湘湖水，就是无穷无尽的文人之酒，就是他与许询心灵相通的神秘之水。他矮下身子，轻轻掬了一把湘湖水，尝了尝。果真如此，这甘甜的水，也唯有江南才有。他似乎听到了水在他的身体内游走的声音，那是痛快淋漓的，也是欢畅愉悦的。

在他的游历生涯里，光阴就像生长在他的喘息声里，闪亮在他的酒齄声里。一口酒，一句诗，酒醇，诗佳，直至到达"天子呼来不上船，自称臣是酒中仙"的境界。

天空飞过一只鹰。

李白把思绪收了回来。他现在想喝酒，狂饮。只有狂饮才能让他的心变得麻木一些，也只有狂饮才让他觉得在这世间还有活下去的勇气。

自然，这只是李白人生中的一个小小插曲。不管他处于壮年，还是晚年，长安在他的心里烙下的印记无法剔除。他始终抱着念想：待他有朝一日回到长安，一切依旧。他依旧希望皇帝能重用他，能时不时地召唤他。他永远记得唐玄宗召他进宫的那一日，玄宗降辇步迎，

第六篇　拜访者李白和他的崇拜者

一泓碧水若潇湘

"以七宝床赐食于前，亲自调羹"。玄宗每次宴请和郊游，必命李白侍从。这种待遇于一名诗人而言，恐怕也是绝无仅有了。只是诗人比较单纯，他不知道的是，哪怕皇帝多么宠信他，也只是一阵随时都可能消失的风。在皇帝的眼里，饶你李白是天下第一号诗人，也要跪在我面前，唯我为尊，我让你写歌词就写歌词，我让你写诏书就写诏书。更何况现在大唐的状况不比以前了，已经出现了乱象。

这是命。李白晚景凄惨，一则遇上了"安史之乱"，大唐的繁华渐渐走向末路，社会动荡不安，像他这样的文人很难再有以前那样的生活了，昔日金杯玉樽的荣光一去不复返了。二则他自己寻求归隐之心越来越强烈，只想求得平安。不能不说他想学许询，想获得那种至高无上的自由，想归隐于世外桃源，但这只是他的一厢情愿,是水中月,镜中花。他一直都在权力与文学的中间地带游走与挣扎。他的个性过于张扬,才华过于耀眼,以至于他为其所累。

李白要拜访的另一个人是贺知章。

贺知章告老回乡之后,过着平静的生活,不久前去世了。李白得知后,无比悲痛,为此还专门写下了诗作,怀念贺知章。一个人的痕迹并不那么容易被抹去,更何况名震天下的贺知章。斯人已去,但在长安,关于他的故事并没有因为他的离去而消失。尤其是他与李白之间的友谊,那可是传世佳话。金龟换酒,那是两个好酒的文人间的惺惺相惜。李白在《对酒忆贺监二首》诗序中说道:"太子宾客贺公,于长安紫极宫一见余,呼余为谪仙人,因解金龟换酒为乐。"

相见恨晚。七十多岁的贺知章看到三十挂零的李白的诗作,大吃一惊。此时的李白尚无大名,更像一个外省青年刚刚进京,不认识什么人。而贺知章已是名满天下,受人尊敬。前辈与后生的美好相遇,气息的彼此吸引,造就了李白未来大鹏展翅,成就文学高峰。贺知章就像一位引路人,将李白引入了长安盛大的诗人群里,引到了皇帝跟前。他们一道狂饮,一道吟诗,气氛融洽,感情深厚。

李白心里一直挂念着贺知章,这个南方的长者,这个对他有知遇之恩的诗人。听闻贺知章去世后,他长时间地悲伤,独自喝酒,一边喝,一边掉泪。"金龟换酒处,却忆泪沾巾。"在他的梦里,曾经多次出现贺知章的身影,总是笑眯眯地看着他。他记得贺知章把他带到皇帝跟前时,极力举荐他,说他是天下奇才。皇帝也因为信任贺知章,才接纳了他,才有了他的一段御用文人生涯。在他的人生处于低谷之时，贺知章就是给他送来梯子的人。或者说，在李白的精神世界里，贺知章这位长者，更像一位父亲。因为欣赏他的才华，不遗余力将他引荐给皇帝，然后时不时地邀请他参加长安诗人们的聚会，结交更多的朋友。他们的情感超越了友情，更像亲情。贺知章离开长安那会儿，也就是天宝三载（744），李白正在洛阳与杜甫见面，两人出游、交流甚欢，他无法赶到长安与贺知章告别，很是遗憾。

只是，他再也见不到贺知章了。

他在一个小酒馆把自己喝醉了。恍惚之中，他看到了亲切的贺知章慢慢走来。贺知章说："李白，你素来天马行空，从来都不按规矩出牌，此次为何突然来我老家？"李白说："我想你。"两人相拥，喜极而泣。李白诉说着他的各种经历和思念之情，贺知章回忆那些快活的光阴。两人喝得欢畅，诗兴大发。李白吟着贺知章的名篇《咏柳》：

碧玉妆成一树高，万条垂下绿丝绦。
不知细叶谁裁出，二月春风似剪刀。

贺知章以不久前写的《回乡偶书》回应。李白听之，一拍大腿说："好诗，好诗，此诗必流传天下。"

离别时，李白泪流满面。人生没有不散的宴席。他看着白发苍苍、步履蹒跚的贺知章，感慨岁月无情流逝。想当年，他们在长安城意气风发，好不潇洒。贺知章一路相送。垂垂老矣的贺知章看着李白坐上船，悄然而去，禁不住老泪纵横。他长时间伫立，仿佛湖边的一棵老柳。

突然梦醒，李白泪流满面。他在路人的指引下，去

万条垂下绿丝绦

了贺知章的老家,他站在桥上,看着不远处的义笔峰,依稀觉得贺知章在呼唤他,那山,那树,那山顶上的云层,都幻化成贺知章的模样。他定了定神,忧伤地转过身体,好让这些景象从背后包裹过来,将他萦绕。那时候,天空阴云密布,一场大雨即将到来。

坐在船内的李白看着流水,看着天空的万千条雨丝,他觉得这是对贺知章最好的怀念。在一个幸福的地方长眠,远赛过人间的各种争斗。无论哪个皇帝,终将归于尘土。他想起了越王勾践,想起了吴越争霸,想起了似水流年……他想起了自己曾经写过的一首《送友人寻越中山水》:

闻道稽山去,偏宜谢客才。
千岩泉洒落,万壑树萦回。
东海横秦望,西陵绕越台。

湖清霜镜晓，涛白雪山来。
八月枚乘笔，三吴张瀚杯。
此中多逸兴，早晚向天台。

译成今天的话大意如下：

> 听说你将去游览会稽山，那里最适合你这样才比谢灵运的人了。会稽山中有千岩竞秀与飞瀑悬泉之奇，峰峦、山谷在绿荫之中曲折环绕。高峻的秦望山遥对着茫茫东海，古老的西陵城环绕着巍巍越王台。八百里镜湖的水面明澈如镜，汹涌澎湃的潮水打来，好似雪山倾倒。您可以拿起枚乘之笔及张瀚之杯，以抒发越中山水间的兴致感慨。或早或晚再往天台山一游，那里的仙境诗趣更适合你的豪情逸怀。

诗中的"越台"，就是越王台，位于湘湖北岸的城山之巅。

只是，这种心境已经离他越来越远了。上了年纪的李白，或许终于明白了人和生命的意义。他在江南的所见所遇，他在秀美山水里的跋涉，就像人生中的一个中转站。此后，他的人生轨迹开始变化，在他心里，许询和贺知章就像两位引路人，用两种不一样的人生经历充实了他的世界。自然，诗人李白最后还是回归到了他的原点，那就是诗。这也是他的性格使然。

第七篇　白居易的梦萦之地

少年白发的白居易显然是个苦读书之人，生性耿直，忧国忧民，说话很直接，有时候不给人留面子。这一点，当时的皇帝唐宪宗深有体会。不是白居易这个人的性格古怪难搞，而是入仕的白居易有一种错觉，以为是自己的诗作得到了唐宪宗的喜爱之后才被提拔的。既然皇帝这么看重自己，那就不能辜负皇帝的一片心，他希望以尽言官之职责报答皇帝。忧国忧民的他不停地上书言事，还写了大量的反映社会现实的诗歌，像《卖炭翁》等。他的目的是希望皇帝能体恤民情，知晓民间疾苦，施以善政。没想到的是皇帝对此并不乐意，觉得白居易这是在搞事情。

有时候，较真的白居易还毫不留情当面指出皇帝的错误。白居易就像一位敢于担当的政协委员一样，努力地写社情民意，认真地写提案，狠下功夫地写调研报告，一个接一个。这让唐宪宗很不爽。好在唐朝当时的言论氛围还算不错，唐宪宗心里不满，也只是私底下跟交情好的人抱怨：白居易是我一手提拔的，对我却很无礼，我心里有点受不了。有人知道白居易的性格，便实事求是地跟唐宪宗说：白居易这也是一片赤胆忠心，皇上您又不是不了解他，您就大度一些，就让他提意见呗。

但是白居易的运气不可能一直这么好。有一年，他又因为仗义执言，遭人诽谤，被贬了，下放到基层了。这对白居易打击不小。离开长安的白居易就这样在基层兜兜转转，过了好多年。好在他这人还是属于乐天派，跟他的字"乐天"十分契合，所以在基层干得不错。

如果唐宪宗没有死，估计白居易还得在基层转悠。唐宪宗暴病死了。唐穆宗即位后，因为爱惜白居易的才华，把他召回了长安，给他比较高的职务。本来，这对白居易来说是一件好事，在基层辛苦这么多年，不就是为了调回长安吗？但是，此时的朝廷在白居易的眼里，不是以前的朝廷了。大臣们争权夺利，明争暗斗，皇帝也只知道享乐，懒政，还不听劝。白居易心想，这样的日子还不如以前呢，与其这样混日子，还不如下基层办点实事。

822年，白居易被任命为杭州刺史。

任命书是七月下的，白居易十月正式到任。从长安去杭州赴任的路上，他想了很多：从前，他是一个直率之人，性子直，语速快，又勤奋，凭着一分责任心，不停地写材料写报告上报皇上，希望国家治理得更好，唉，结果被贬谪。在基层这么多年，目睹这么多的民间疾苦，心里酸楚，写了许多关于社会现实的诗作。这次，自己主动要求外放，却是想逃避乱糟糟的现状……

在杭州，白居易生活了一年半左右，尽心尽责，做了许多好事。像筑西湖堤防、疏浚六井等，每一件都是民心工程，政绩斐然。毕竟，他不是庸官、懒官，他是相当有事业心的。治理西湖也不是一件容易的事，要跟占湖的地方豪绅斗争，要有策略，更要有手段，如果没有两把刷子，白居易也干不成这件事。白居易把事办得令百姓很满意。

自然，西湖在他的眼里就像一位美娇娘，风韵不一般，文人雅士哪个不爱？其实，他更喜欢到钱塘江边上走走，他就住在钱塘江边的官家驿站——樟亭驿。樟亭驿是观看钱江大潮的绝佳地点，于是，他便近水楼台先得月了。早晨，他可以踱步到江边看潮，然后去衙门上班；吃过晚饭，他又可以边散步边看夜潮，然后回驿站睡觉。钱江大潮的汹涌澎湃令他热血沸腾，这仿佛暗合了他的性格：不喜欢平静如镜，倒希望江水奔涌。这与他一生的理想也是暗合的。他总认为，当官就要干实事，做人就要做真人。

这一点体现在他的诗作上，比如他写的诗作《潮》：

早潮才落晚潮来，一月周流六十回。
不独光阴朝复暮，杭州老去被潮催。

这首《潮》记载了钱塘江的潮水情况。如"一月周流六十回"，这可是相对准确的数字了，就是我们现在说的"钱江潮一日二潮"，即早潮、晚潮。住在樟亭驿的白居易天天看潮，对潮水的规律一清二楚。

在杭州，实干家白居易并不孤独。一方面他治理西湖，这需要花费许多时间与精力。另一方面，他有一个铁得不得了的铁哥们——诗人元稹。

也算是机缘巧合，白居易任杭州刺史不久，他的好友元稹任越州（今绍兴）刺史兼浙东观察使。元稹可不是一般官员，也是著名诗人，人长得潇洒，诗写得极棒。流传至今的诗句"曾经沧海难为水，除却巫山不是云"就出自元稹之手。他们俩的关系好得不得了，既是同科及第，是同学，又曾同在翰林院任职，是同事，且三观接近，如同一人。他们还共同倡导新乐府运动，主张"文

第七篇 白居易的梦萦之地

袁江《钱塘观潮图》

章合为时而著,歌诗合为事而作",世称"元白"。

白居易每次到钱塘江边看潮,都会想到元稹,想到光阴,想到前途和命运。从地理位置上讲,他与元稹隔着一条奔腾不息的钱塘江,江上无桥,往来只能靠渡船。他们要见面,不是白居易过江到钱塘江南岸的西陵渡(今滨江区西兴街道),就是元稹过江到钱塘江北岸的樟亭驿。遇上大风大雨大潮之日,有时候渡船停了,一条滔滔钱塘江让两位伟大的诗人兼好友只能隔江相望。

好友情深。

他们时不时地相聚一下,说说话,作作诗,饮饮酒。一般情况下他们在西陵渡碰头。西陵渡是钱塘江南岸的渡口,当时很是繁华。也是历代皇帝去会稽祭祀大禹,过钱塘江的唯一落脚点。码头上客商纷纭,船来船往,十分热闹。

有时候是元稹从越州过来,在西陵渡等白居易;有时候是白居易从杭州城中过来,在西陵渡等元稹。然后他们就在西陵街上住下,彻夜长谈。他们俩就像一对分居两地的恋人。

有一次,白居易和元稹在西陵渡分手后,元稹看着白居易坐船离去,其时正好傍晚,晚霞满天,众鸟归林。他心里有一些忧伤,不禁吟出了一首《别后西陵晚眺》:

> 晚日未抛诗笔砚,夕阳空望郡楼台。
> 与君后会知何日,不似潮头暮却回。

大意如下:

天色已晚，我还在执笔磨墨，停下笔，眺望远处的夕阳，远方的楼阁在夕阳下熠熠生辉。与你下次相聚不知在何日，不像潮水早潮过了还有晚潮。

他们才刚刚离别，元稹心里就在期盼下一次相聚。看看这诗，简直就像爱人之间的诗，比情诗还情诗。

当白居易收到元稹的这首诗时，心里是甜蜜的。他看了又看，一直看到眼睛疼才罢休。他想起了两人在西陵古驿台眺望着钱塘江，两岸风光迷人，潮水突然来了，哗啦啦地响着，席卷而去。他们畅谈时政，指点江山。他回忆当初元稹被贬至边疆，两人相隔万里之时，靠书信来往。

他们两人之间仿佛有一种极为神奇的魔力。有一回，元稹去外地任官。一天，白居易与友人游玩了大雁塔下的慈恩寺后，一起饮酒叙谈。席间，一阵惆怅，他放下酒杯叹道：可惜微之不在，想必他已经到了梁州。随即便题词一首于壁上："花时同醉破春愁，醉折花枝当酒筹。忽忆故人天际去，计程今日到梁州。"

令人啧啧称奇的是，这一天元稹恰好是到了梁州，他晚上做了一个梦，梦见的恰恰是和白居易等人在游曲江、慈恩寺这些地方，突然邮吏传呼报晓，于是怅然梦醒，也写了一首诗："梦君同绕曲江头，也向慈恩院院游。亭吏呼人排去马，忽惊身在古梁州。"

真的是天下无奇不有，这两首诗一首写于长安城，一首写于梁州，一写真事，一写梦境，但却不约而同地写在同一天，还如同当面唱和一样，用的是同一个韵。

他们惺惺相惜，如同手足。

烟波泛舟

收到元稹的《别后西陵晚眺》后不久，白居易写了一首《答微之泊西陵驿见寄》给元稹，说的依旧是西陵渡的那点事儿，其感情也是真挚的。

烟波尽处一点白，应是西陵古驿台。
知在台边望不见，暮潮空送渡船回。

这首诗，跟元稹的诗一样，有浓浓的思念之情。尤其是"知在台边望不见，暮潮空送渡船回"，其蕴含的情感浓度接近顶峰。白居易站在江边望着远处隐约的一点白，也就是西陵古驿台了，他的惆怅，他的思念，如滔滔江水奔流不息。

虽然唐朝的诗人们都比较浪漫，各种情真意切的送别诗也是数不胜数，像浪漫派头号诗人李白的"桃花潭水深千尺，不及汪伦送我情"之类的，但白居易与元稹的这份情感真的令人咋舌。

有一次，元稹从西陵渡上船，到了杭州。两人相聚三日，临别时，元稹依依不舍，一首《赠乐天》表达心意："莫言邻境易经过，彼此分符欲奈何。垂老相逢渐难别，白头期限各无多。"从这首诗中可看出元稹与白居易年龄都不小了，但是，他们的情意并无一丝变淡，正如他诗中所说的"垂老相逢渐难别"，他们很难别离。

因为有元稹这个好友在，白居易在杭州的日子过得比较舒心，空闲之时，他可以约元稹见个面。于是，他时常会乘渡船去西陵，有时候元稹一时半刻还到不了，他就感到孤独，整个人提不起精神。当他行走在西陵古街上，或者伫立在钱塘江边，顺便游一下湘湖之时，他看着蓝天、白云、流水，眼前的一切就变得浪漫起来了。

有一回，元稹来杭州，突然出现在白居易的眼前，这让白居易欢喜若狂。他拉着元稹飞奔到樟亭驿。每次元稹来杭州，都是住在这家驿站的。樟亭驿也是他们俩相聚之时固定的住宿点，是两人约定好的。两人都是官员，官员一般住官方驿站，一是为了人身安全，二是为了不出意外情况。在驿站，招待客人也是有规矩的。由于樟亭驿在钱塘江北岸，属杭州管辖，归白居易管，白居易便大声道：上酒来！两人坐下，急切地表达思念之情。

樟亭驿与西陵渡隔江相望，正如白居易与元稹的隔江相望。白居易是个重情义之人，他为樟亭驿写过两首诗，一首《宿樟亭驿》：

> 夜半樟亭驿，愁人起望乡。
> 月明何所见，潮水白茫茫。

半夜，白居易睡不着，他心里的愁闷无处排遣，便走出房间，眺望家乡。皎洁的月光哪里可以看得到？江上夜潮白茫茫的。

另一首则是《樟亭双樱树》：

南馆西轩两树樱，春条长足夏阴成。
素华朱实今虽尽，碧叶风来别有情。

春天与夏天，白居易一直关注着这两棵樱树，足以说明他长期住在樟亭驿。他时刻不忘在这个驿站发生的一切，也从另一个侧面说明了他与元稹的情谊之深。

在唐朝的诗人群体里，白居易与元稹的友谊是一个最为经典的例子。中国历史上文人相交之事甚多，然文人之情，莫甚于"元白"者。白居易和元稹，不同于钟子期和俞伯牙高山流水的友情。他们以志同道合为始，却以更为真挚深刻的感情结束，两人唱和长达三十年，诗篇加起来有近千首，堪称举世无双。

尤其是当他们隔着一条钱塘江之时，白居易在江之北岸，元稹在江之南岸，他们的隔江相望，哪怕只是喃喃自语，对方也是心领神会。当年，元稹母亲去世，他归乡守丧丁忧时，日子过得十分艰苦。白居易大力资助他，帮他度过了那段艰难岁月。后来，白居易也因为母亲去世，在乡村守丧，元稹又寄衣服又寄吃的，还慷慨送去二十万钱。

纵是千般情，终有分别日。

元稹从越州回长安时，特地去探访闲居洛阳的白居易，还写了两首诗："君应怪我留连久，我欲与君辞别难。白头徒侣渐稀少，明日恐君无此欢。""自识君来三度别，这回白尽老髭须。恋君不去君须会，知得后回相见无。"

两个白发苍苍的老人执手良久，才怅然分别。这便是他们的最后一次相见。

在元稹去世八年后，一直郁郁不欢的白居易写下了《梦微之》，其中两句是："君埋泉下泥销骨，我寄人间雪满头。"这种感情除了刻骨铭心，还有什么词可以形容呢？在元稹去世的几年里，白居易的心里始终刻着一幅画卷，那就是当他们在西陵渡相会，并肩走在街市上，阳光明媚，春花烂漫，此时，生命与前途变得并不重要。他们沉浸在这种迷离幸福的环境之中，听到哗啦哗啦的钱江潮水从远处奔腾而来。这仿佛是他们友情的最好宣言。

因为元稹，也因为知己，因爱屋及乌，白居易对西陵渡的感情也是无比醇厚。当他离开杭州之日，站在樟亭驿的他回头望去，仿佛看到元稹就在江对岸的西陵渡口站着。那个身影，永远伫立。

多年以后，白发苍苍的白居易想起这段往事，总是泪流满面。他希望有一天，能与元稹在另一个世界里相遇时，元稹会说：你还记得西陵渡吗？你还记得那钱江大潮吗？

第八篇　唐诗之路源头

浙东唐诗之路，是一条完美的山水之路，也是一条群星璀璨之路。

浙东唐诗之路主要指从浙江（钱塘江）渡江抵萧山西陵渡口进入浙东运河，再到达越州（今绍兴），然后沿越中名水剡溪上溯，经剡中到达天台山。简言之，浙东唐诗之路的时空边界，亦即上自东晋，下迄晚唐，西起萧山西陵一带，东至天台石梁。后来，这条线路又延伸到温州，再从瓯江回溯至钱塘江。

浙东唐诗之路的源头就在萧山渔浦（今萧山区义桥镇）和西陵（今滨江区西兴街道，原属萧山）一带。这一带也是各路水系的密集交叉点，除了钱塘江、富春江、浦阳江三江交汇，还有湘湖，还有浙东运河。渔浦及西陵以前均属湘湖地域，且相距不远。钱塘江之水流入湘湖，站在湘湖边，既可感受湘湖之水的柔和，又可观钱塘江之水奔流不息。渔浦入口主要承接来自富春江的诗人，西陵入口承接钱塘江北岸来的诗人。两个入口成为众多诗人的落脚点，他们在此稍作歇息，或浅斟或狂饮，或三五成群或独行，住上一宿或几宿，然后转入浙东运河，一路向南。浙东唐诗之路的源头就像登山者攀登珠穆朗玛峰的大本营，吃饱了，喝足了，养好精神了，于是出发。

东晋诗人谢灵运应该是浙东唐诗之路的先驱者，他的山水诗创作源于他的内心追求，自然洒脱，像风一样真实，像水一样细腻，更像天空的云朵一样瑰丽。他一生几乎都在行走。他在做永嘉太守时，写下《游赤石进帆海》《于南山往北山经湖中瞻眺》《发归濑三瀑布望两溪》《登永嘉绿嶂山》《郡东山望溟海》《初去永嘉郡》等一批诗作。诗作经过时间的检验，流传下来，其中呈现的山水美景宛若一幅幅画卷，令人爱不释手。其作品一直流传到了唐朝。唐朝是个开放的时代，人们的思想多元，且社会宽容度极高。唐朝的诗人们从谢灵运的山水诗里品到一种独特的韵味，是一种新鲜的审美，找到了精神寄托，形成了社会时尚。国家统一，社会安定，经济繁荣，让有钱有闲的文人有了充分的出游条件。从唐朝开始，便形成了大规模的诗人出游，目的地就是浙东。

浙东唐诗之路的重要源头

去浙东，必然要经过渔浦与西陵。诗人们乘渡船过钱塘江，然后在渡口下船。在唐代，浙东只占全国国土的0.13%，却有20%左右的唐代诗人经过此路，留下1500多首诗作。李白、杜甫、白居易、王勃、骆宾王……只要在唐代有名的诗人，几乎全部走过这条路。不得不说，这是一条货真价实的唐诗之路、文化之路、思想之路。

可以想象，那时候的萧山渔浦或西陵，时不时有诗人经过或驻足，他们打着招呼，相聚甚欢。他们有的是好友，有的只一面之交，有的仅耳闻其名。到了这儿，不管是著名诗人，还是无名诗人，都是诗人。每个早晨，总有诗人站在江边眺望，看渡船，看潮水；每个夜晚，也总有诗人在江边散步，或在江边饮酒吟诗。这儿更像是一个交际场。某一天，他们结伴或独自离开，有的会转入浙东运河，有的也会转入富春江或浦阳江。三江交汇处，风光尤其好。这好像是他们通往精神世界的一扇门。无论是渔浦还是西陵，都像远足的诗人的一个家。他们获得片刻的安宁，也领略了此地的风光，留下了诗篇。

唐朝诗人孙逖的诗作《夜宿浙江》："扁舟夜入江潭泊，露白风高气萧索。富春渚上潮未还，天姥岑边月初落。烟水茫茫多苦辛，更闻江上越人吟。洛阳城阙何时见，西北浮云朝暝深。"诗中的"江潭"指的就是渔浦。孙逖到山阴任职是从富春江东下的，诗中的"富春渚上潮未还，天姥岑边月初落"一联点明他来时的路线。他过的便是渔浦，而不是西陵渡口。不过，孙逖回去的时候，过的则是西陵渡口。一首《春日留别》记叙了这件事："春路逶迤花柳前，孤舟晚泊就人烟。东山白云不可见，西陵江月夜娟娟。春江夜尽潮声度，征帆遥从此中去。越国山川看渐无，可怜愁思江南树。"

浙东唐诗之路给诗人们带来的不仅仅是秀丽山水，

优美诗句,更多的则是一种无形的力量。他们行走在这条路上,有的走完全程,有的游了一段,有的则只是经过,无论他们行走的最终目的地在哪,他们定然是在思考国家和个人的命运和前途。像孙逖,据说回去之后,人生开挂,一路高升。身处繁华的长安,在他心里,却永远不会忘记这一段经历。或许正是这一段行走的经历,彻底改变了他的人生。

另一位诗人钱起,则用更直白的诗句,写下了一首《九日宴浙江西亭》:"诗人九日怜芳菊,筵客高斋宴浙江。渔浦浪花摇素壁,西陵树色入秋窗。木奴向熟悬金实,桑落新开泻玉缸。四子醉时争讲习,笑论黄霸旧为邦。"在钱起的这首诗中,"渔浦浪花摇素壁,西陵树色入秋窗"这两句诗,巧妙地点出了浙东唐诗之路的源头:渔浦和西陵。"木奴向熟悬金实,桑落新开泻玉缸"中的"木奴"是柑橘,"桑落"指的是桑落酒,古代的一种美酒。可见当时的渔浦和西陵,柑橘树有千株之多,郁郁葱葱,且挂满果子,呈现出丰收景象,更美的还有桑落酒。

诗人离不开酒,唐朝的诗人几乎人人爱酒,在他们的诗作中,酒仿佛就是一个符号。朋友相聚要饮酒,狂欢要饮酒,离别要饮酒,思念要饮酒……像李白、贺知章等,均是嗜酒之人。

江海交汇处,造就了独特的地方文化。农耕社会的宁静和满足,令这片土地上的人们过着相对稳定的生活。大唐盛世,诗歌泱泱,这在后世是难以想象的。在那个生机勃勃的诗歌时代,诗人们的潇洒、灵性与不羁,烙下了时代之印,也造就了时代之繁荣。这些唐朝的诗人就像是中了邪似的,一个接一个地来到了此地。不排除有的诗人到了此地打卡后,欣赏了两岸风光,获取了创作灵感,就转身坐上渡船回去了。这足可以成为今后炫耀的资本。钱起在诗歌界的名气不能和李白、杜甫等人相比,但却真实地记录了他的所思所想。

唐代著名的山水田园派诗人孟浩然的诗作《早发渔浦潭》则更像一幅生动的画卷,记录下了渔浦的清晨时光:

> 东旭早光芒,渚禽已惊聒。
> 卧闻渔浦口,桡声暗相拨。
> 日出气象分,始知江路阔。
> 美人常晏起,照影弄流沫。
> 饮水畏惊猿,祭鱼时见獭。
> 舟行自无闷,况值晴景豁。

在这首诗中,孟浩然用生动的笔触写出了各种景象,读之令人浮想联翩,如身临其境。他一早从渔浦出发,此时太阳尚未升起,但东方已现曙光,许多鸟儿受到惊吓一般,叽叽喳喳,他躺在船里,听到不引人注意的船桨声。待到太阳升起,方才看清前面的江道很宽。晚起的美人照着浪花飞溅的江水打理自己。过往的船只惊动

江上渔影

了正在饮水的猴子，又看到水獭将鱼排列整齐，好像是在做祭祀一样……画面感极强，让读者有身临其境之感。

江与海，融为一体。渔浦与西陵独特的地理风光，令诗人们感慨万千，这里是最好的观景之地，也是抒发内心情感的天然之地。潮起潮落，这不正是人生吗？一些生活在内地的诗人，他们一辈子没有见过江海相连的壮观场景，更不知道钱塘江潮水的魅力，到了江边，方才觉得世界之奇妙，自然之伟大。他们追随前人的足迹，从全国奔赴浙东唐诗之路的源头，从此开启新的思考人生之路。如薛据的这首《西陵口观海》，气势磅礴，至今读来仍可感受到诗人心中的万千气象："长江漫汤汤，近海势弥广。在昔胚浑凝，融为百川泱。地形失端倪，天色灒溴漾。东南际万里，极目远无象。山影乍浮沉，潮波忽来往。孤帆或不见，棹歌犹想象。日暮长风起，客心空振荡。浦口霞未收，潭心月初上。林屿几遭回，亭皋时偃仰。岁晏访蓬瀛，真游非外奖。"钱塘江入海口随着泥沙的淤积，逐渐向东延伸，唐时西陵外江面还很宽，故曰"观海"。在薛据的眼里，这不是江，就是海，以致他的诗作也呈现海之气魄。

一千个诗人心目中有一千个渔浦与西陵。他们的双脚一旦踏上这块土地，仿佛就全身沾满了灵气。无数诗人的诗作就在江边诞生，流传于世。有的诗人到达萧山，顺便也会游览一下萧山县城。虽说当时的县城规模不大，但因为有山有水，有许询的归隐之说，有众多的诗人足迹，不失为一个有灵气的地方。诗人们带着敬意，也带着期待。毕竟，每一个出游的诗人心里都有一个纵情山水、抒发情怀、以求报国之梦想。他们或为访友，或为逃避现实，或为寻求心灵的慰藉……领略了钱塘江的大潮，仿佛就像经历了人生的巨大起伏，之后便获得长久的宁静。

萧山的龙兴寺、丽句亭、竹林寺、祇园寺等地，都有唐朝诗人留下的诗作。像唐代诗人孟浩然的《登龙兴寺阁》中写道："阁道乘空出，披轩远目开。逶迤见江势，客至屡缘回。兹郡何填委，遥山复几哉。苍苍皆草木，处处尽楼台。骤雨一阳散，行舟四海来。鸟归余兴远，周览更装回。"诗中的龙兴寺，即隆兴寺，坐落在萧山区西山东北麓，与净土寺相邻。晋代将军隆吉所建，故称隆兴寺。后数度毁建，今遗迹尚存。"处处尽楼台……行舟四海来"，浅浅一笔，就描述出了一个市井繁华、商旅云集的江南小城。

唐代诗人皎然的《题秦系山人丽句亭》："独将诗教领诸生，但看青山不爱名。满院竹声堪愈疾，乱床花片足忘情。"诗中的丽句亭系唐隐逸诗人秦系寓居萧山时所建，为越中胜景，历代诗人多有吟咏。该亭今移入江寺公园内。诗人戴叔伦也写过一首《题秦隐君丽句亭》："北人归欲尽，犹自住萧山。闭户不曾出，诗名满世间。"

杜甫曾经到过萧山西陵。多年以后，他突然想起了这一段行走天涯的浪漫经历，便写下了这样的诗句："商胡离别下扬州，忆上西陵故驿楼。为问淮南米贵贱，老夫乘兴欲东流。"诗中的"扬州"，其当时的下辖范围包括淮南以及岭南。

之后的历朝历代，无数诗人依旧沿着前辈的路线，一路吟诵诗词，这些诗作以山水诗为主，字里行间呈现的却是诗人们的学识与思想，也不乏诗人用故事，用生命体验，重新诠释这条诗路的永恒。那些留下的诗篇和故事像一颗颗珍珠一样，在岁月的尘垢里闪烁着耀眼的光芒。山水之灵，诗歌之美，这是最理想的结合，浙东唐诗之路堪比"丝绸之路"。

第九篇　钱镠三战铁岭关

"人不可貌相,海水不可斗量。"这句话用在钱镠身上,再贴切不过了。他的一生相当特别,无比传奇。出生时相貌奇丑,父亲认为这是不祥之兆,想把他扔进屋后的枯井中,以免惹上灾祸。幸获心慈的祖母怜惜,留了他一命,因此他的乳名叫"婆留",有阿婆留其命的意思。那口井便叫婆留井。

长得丑,不是罪,但却引来了许多麻烦与痛苦。父亲不待见他,不想抚养他。年迈的祖母独自抚养他,一老一小过着艰苦的生活。祖母教他要做一个善良的人,这在年幼的钱镠心里扎下了根。他也像祖母一样有一颗善良的心,总是不求回报地帮助别人。人心都是肉长的。左邻右舍看到这个孩子虽然长得丑,可是有一颗金子般的心,也就对他很关照。他天生神力,喜爱练武,在家附近的空地上竖了一根木桩,他与小伙伴们一起操练,还排兵布阵,组织能力特别强,有相当好的军事天赋。

钱镠的少年时代过得平淡无奇。因为长相,他内心略有一些自卑。

成年后,为了养活自己和祖母,他在乡亲们的介绍下，跟随别人在萧山一带贩私盐谋生。据说他力大无穷，他挑一担盐，重似两座山。

唐朝末年，社会动荡，各地战乱不止，民不聊生。

24岁那年，为了有口饭吃，他从军了，跟随将领董昌平定了王郢之乱。他作战英勇，身先士卒，屡立军功，于是从士兵破格升为偏将，又升为石镜镇衙内知兵马使、镇海军右职等职。

黄巢起义，声势浩大，所向披靡，进军杭州时却吃到了苦头。对手就是钱镠。别看钱镠看上去五大三粗，却心细如发，有勇有谋，善用兵法。几场仗打下来，黄巢的先头部队吃尽了苦头，讨不了一点便宜。黄巢大怒，欲不惜代价进攻杭州。钱镠不慌不忙，设下了疑兵计，以致黄巢不敢攻打杭州了。

钱镠在军中的影响力越来越大，原因有二：一是上司董昌对他的欣赏。在董昌看来，钱镠这个人不一般，每次作战，都有计划，有策略，绝不是那种没有头脑的武夫。二是钱镠作战勇敢。每次上阵迎敌，钱镠总是大喊一声冲，然后冲在最前面。跟随他的将士们很服气。有政治野心的董昌也要笼络各路人才，像钱镠这样有勇有谋、忠心耿耿的将领简直就是稀罕之物。于是，他对钱镠很关照，早早就把他拉到了自己人的体系之中，而且还是核心层。

中和二年（882），越州观察使刘汉宏与钱镠的上司杭州刺史董昌矛盾激化，刘汉宏欲并吞杭州。刘汉宏之弟刘汉宥与都虞候辛约带两万人进驻萧山西陵，准备进攻杭州。董昌知道这事之后，果断地派钱镠出兵迎敌。钱镠领命后，察看地形，思考策略。他决定夜袭。于是，

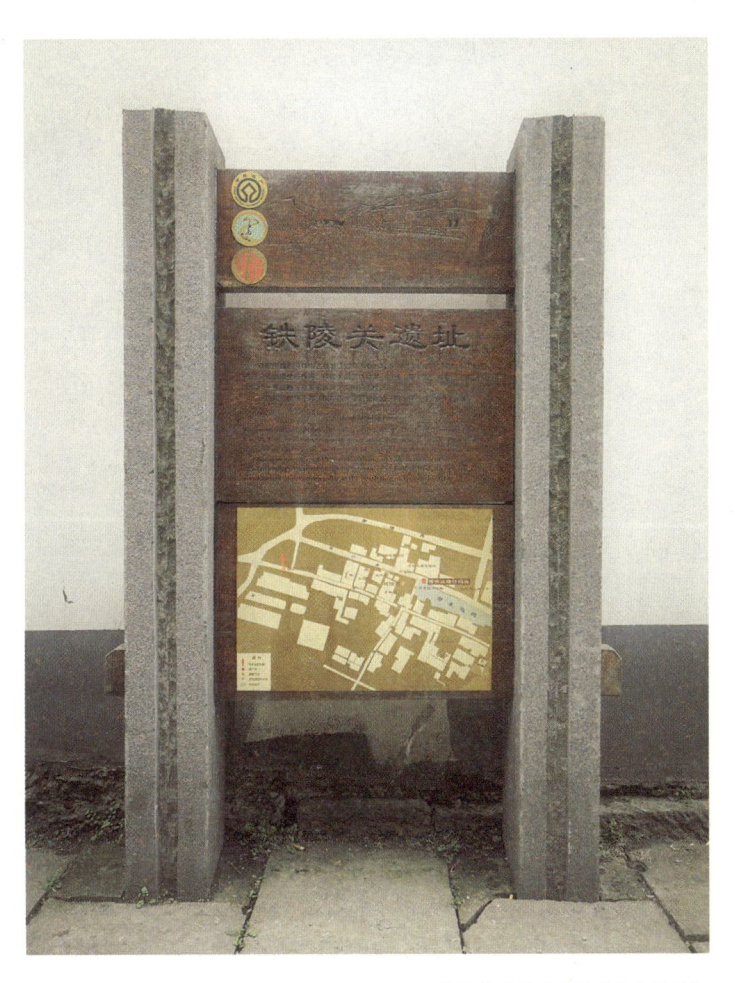

铁岭关遗址（铁陵关即铁岭关）

在某个晚上，他率八都兵渡过钱塘江，在夜色的掩护下，突然偷袭刘汉宥的军队，火烧其营寨。

钱镠胜了。

又一年，还是同样的对手，同样的地方，两军在西陵的铁岭关又打了一仗。此次作战，刘汉宏心里憋了一口气，他亲自上阵，志在必得，统领十万大军，浩浩荡荡。他吸取了上一次大战的教训，欲学钱镠上次的战术——偷袭。哪知道钱镠早已布好口袋在等待他了。

两军在铁岭关大战。

双方势均力敌，战争异常残酷。从中午打到傍晚，天昏地暗，血流成河，哀嚎声不绝。结果，钱镠又胜了。据说刘汉宏伪装成屠夫，趁乱逃走，方才留得一条性命。经此一战，刘汉宏把大部分家底输光了，从此再也无法崛起。钱镠缴获大批战舰、战马、盔甲，俘虏千余人。他站在铁岭关上，看着水面浮着无数士兵的尸体，江水都被染红了。他的心颤抖了一下。

这一仗令钱镠名声大振。

于是，他的职位又上升了几级，成为董昌的左膀右臂。董昌也更加信任他，甚至依赖他。每遇军中大事，董昌必请钱镠参加，共同商议。在他看来，钱镠是个了不得的人才，是个有情有义之人。钱镠始终敬重董昌，视其为伯乐与兄长。他愿意一辈子追随董昌。

之后，董昌又令钱镠进攻越州，而且跟他说："若是攻下越州，到时候我占据浙东，杭州归你。"董昌能说这话，说明他真的把钱镠当成了自家兄弟。钱镠带领将士们又是一路厮杀，屡破浙东军，替董昌扫平了所有的障碍。董昌如愿以偿地占据了浙东，把指挥部移到了越州。他没有食言，将杭州让给了钱镠。

十来年后，又是萧山西陵铁岭关。

已是杭州刺史的钱镠再一次成了战争的主角。这一次他的对手竟然是他原来的上司董昌。昔日恩人，今日仇人。源头其实就因为上一次的铁岭关之战，钱镠胜了，他的上司董昌因此有功，朝廷授威胜军（越州）节度使。节度使相当于一方大员了。此时的董昌拥有了浙东、浙西和福建、江西大部，其管辖和统领的范围增加了好几倍，他的野心也膨胀了，他想当皇帝。人都是有野心的，更何况董昌脚下有辽阔的土地，手里有无数的兵将，拥有了最大的资本。董昌于乾宁三年（896）在越州称帝，建立大越罗平国，改元顺天，还任命钱镠为两浙都指挥使。

　　钱镠心里明白，董昌此举必将自掘坟墓，于是专门写信去劝说：与其关起门来做皇帝，不如当一个节度使，能得终生富贵。董昌不听劝。钱镠心里不安，心想自己把掏心窝子的话都说了，董昌居然不听。董昌毕竟是自己的引路人，是师父，是领导，是好兄弟，生死面前是可以换头之人。于是，他带着三千兵马前往越州，面见董昌，再次劝说。此时的董昌颇有心机地使了个缓兵之计，表面上他认同钱镠的提议，背地里却丝毫没有动作。

　　钱镠回到杭州之后，接到了唐昭宗的命令，令其讨伐董昌。钱镠心里明白，董昌这是要一条道走到黑了。但是，他怎么下得了手呢？他回忆着昔日与董昌共事的

西兴过塘行码头

那段光阴,这一路走来,董昌就像大哥和师父一样悉心关照自己。没有董昌,就没有他钱镠的今天。他犹豫不决,心里像塞了一团乱草似的。食无味,寝不安。他想,一旦开战,那就没有情谊可言了,不是你死就是我亡,战争是残酷的,是血淋淋的。犹豫不决之时,上头的命令又来了,让他快速领兵讨逆。

对钱镠来说,这是一个痛苦的抉择。身在官场,他没有退路。他率领三军水陆并进,横渡钱塘江,到达西陵阵前。钱镠让人给董昌再次捎口信:不要做王,就做节度使,以免血流成河,以免身首异处。他知道董昌不是昏聩无能之人,乃是有勇有谋有情有义之人。他之所以称王,可能是被下属们撺掇的,是一时糊涂。

董昌已不是以前的董昌了。戴着王冠的他坐在宫殿里,冷冷地看着钱镠派来的使者,心潮起伏。那个长相奇丑的自己一手培养的男人居然要来讨伐自己?这不是徒弟挑战师父吗?他根本就不知道王有多好,可以随心所欲决定他人的生死,哪像节度使,要时时听朝廷的话,处处受到朝廷的节制。他对使者说,你回去告诉钱镠,他若不知进退,必将死无葬身之地。使者如实向钱镠做了汇报。钱镠心里明白,董昌被"王"迷了眼,乱了心,已听不进任何忠告了。

不久,双方在西陵铁岭关大战。

钱镠又胜了,他不仅胜了这场战争,且顺势一举攻进越州,生擒了董昌。他看着眼前的朝廷要犯董昌,双鬓已白,簌簌发抖,不禁心生怜惜。毕竟是多年的上司和朋友,知根知底。一时糊涂千古恨。他打算把董昌押到杭州,先软禁起来,再上报朝廷,给他求个情,留他一条性命。

董昌是个极要面子的人，被他人俘虏尚能接受，被昔日下属、得力爱将给逮了，简直就是奇耻大辱。不成功，便成仁。他嘴上不说，心里却死灰一般。在被押解回杭州的路上，途经萧绍两县间的西小江时，董昌趁人不备，不顾双手被绑，跳入江中，自尽了。

钱镠目瞪口呆地看着江面上的涟漪，久久无语。昔日光阴重现，他记得自己应募当兵的那天，董昌微笑地看着他，那神情既像逝世多年的祖母，又像千里归来的兄长。他记得第一次上阵杀敌后，董昌力排众议，将他破格提为偏将。又是董昌，向朝廷上表，推荐他任杭州刺史。还是董昌，在赴任越州节度使之前，找他谈话，要他好好守着杭州这块风水宝地……

钱镠流泪了。从出生以来，他似乎没有流过一滴泪水，而此时，他泪水汹涌，他知道这辈子再也没有像董昌这样的朋友了。船缓缓地前行，而此时的钱镠一直沉浸在悲伤之中。进了杭州城，看到人民安居乐业的样子，他才醒悟过来，董昌若不除，百姓就不会有幸福。战争虽然残酷，但有时候也要靠战争制止战争，创造安宁。

钱镠灭了董昌，讨逆有功，朝廷大喜，于开平元年（907）被封为吴越王，世传吴越，威镇东南。钱镠感慨万千，江山都是一场接一场的战争打出来的，他是常胜将军，是战争的幸运儿。他看着王冠，恍若隔世。他最好的朋友董昌因为自封为王，不得善终；自己从来没有想过有一天会当王，王冠却戴在了头上……

钱镠被封为吴越王后，衣锦还乡，祭扫祖坟，大宴家乡父老。席间，他拿起酒杯，效仿刘邦《大风歌》，作《巡衣锦军制还乡歌》：

三节还乡兮挂锦衣，碧天朗朗兮爱日晖。
功成道上兮列旌旗，父老远来兮相追随。
家山乡眷兮会时稀，今朝设宴兮觥散飞。
斗牛无孛兮民无欺，吴越一王兮驷马归。

从歌中可见此时的钱镠已经从作战勇敢的将军转换成了吴越王，不仅仅是职务的转变，更是心境的转变。他是一个恋旧之人，也是一个家乡观念浓郁之人。

成就了伟大事业的钱镠把目光投向了民生，也尊重文化人，善于听从劝谏。这从晚唐著名诗人罗隐的这首《题磻溪垂钓图》中可见一斑。

吕望当年展庙谟，直钩钓国更谁如。
若教生在西湖上，也是须供使宅鱼。

大意如下：

姜子牙当年在磻溪上直钩钓鱼，是为了向周文王展示治理国家的谋略。但如果让他在西湖上垂钓，也许要为了缴"使宅鱼"而烦恼了。

罗隐一生经历了晚唐文宗至哀宗七位帝王，目睹并身历唐王朝从衰败到灭亡的过程，深知民间疾苦。他后来成为吴越国王钱镠的高参，起草文书，出谋划策，治理国事。当时西湖上打鱼为生的渔民必须遵守一条规矩：每天向官府缴纳鲜鱼数斤，说是供钱王府食用的"使宅鱼"。要是捕获的鲜鱼不足数，那可就对不住渔民了——拿钱到市上去买来缴纳！渔民们自然深受其害。一日，罗隐在王府陪钱镠闲谈。王府厅壁上绘有《磻溪垂钓图》，绘的是当年姜子牙在渭水之磻溪上垂钓等候与周王相逢的情景。钱镠见罗隐观赏这幅壁画若有所思的样子，便道：

第九篇　钱镠三战铁岭关

王震《磻溪垂钓图》

"先生，能否就此图赋诗一首，也好诵读？"罗隐受请，便高声念出了这首《题磻溪垂钓图》。钱镠马上明白了诗中的意思，哈哈大笑，随即下令免除了西湖渔民的"使宅鱼"。

有人来报，萧山西陵城因为遭受了两次大规模高强度的战争，几成废墟。人民生活十分艰苦。钱镠至此才知道，民生之福当是大道，作为王，必须心系子民，方能得人心赢天下。无数个夜晚，他会梦到铁岭关战场，刀光剑影，人喊马嘶，血流遍地，要多惨就有多惨。当他梦醒之时，全身汗湿。他下了床，缓步窗前，看着静寂的夜空，如同童年时的天空。他想起祖母曾经说过的，要做一个善良的人。他现在才真正明白一个善良的人需要有多么大的力量，而他终于拥有了这种力量。

在某个夜晚，钱镠站在西陵渡，耳畔风声呜咽。不远处的铁岭关沉浸在夜色里，如同一头巨兽。偶尔，有灯火泛光，仿佛是无数的鬼魂在呐喊。他身体内的血液在快速流动，仿佛要奔涌出去。他想起了那些残酷至极的血战场面，不禁黯然泪下。恍惚中，他仿佛看到董昌从水里站了起来，似乎嘴里念念有词。待他走上前，发现水面空无一人。

钱镠变得越来越柔和，或许他明白了生命的真谛。

他曾经是个令人心寒的破坏者，破坏的工具就是一场又一场的战争，后来又成了建设者，建设的最大工具就是保护人民。治理钱塘江后来成了钱镠的一大历史功绩，他奉行保境安民之策，亲自起草《筑塘疏》，强调："民为社稷之本，土为百姓所生，钱江水患严重，上塘不可不筑。"并于开平四年（910），征集军民20万人，抢筑钱江两岸堤塘，编制竹笼，内装石块，积叠于江岸，再打入木桩，填土夯实，使西江塘、北海塘全线加固，使两岸百姓世被钱王恩泽。其间，他还解决了一个历史遗留问题：有一块罗刹石位于钱塘江江心，潮水至此十分汹涌，白居易在任杭州刺史时，对此也只能望江兴叹，有诗云"神鬼曾鞭犹不动，波涛虽打欲何如"，钱镠派人凿平此石，消除了一大隐患。

乾化二年（912），吴越王钱镠下令重修西陵城。西陵城是他的心病。这些年来，他始终会想起那个夜晚，董昌在他面前出现又消失。他认为西陵的"陵"字不吉祥，便改名为西兴。从此，西兴之名沿用至今。

钱镠最后成为一个心系国家、心系百姓的好君主。他在位期间风调雨顺，百姓富足安乐，整个国家呈现一片祥和之气，因此，他在百姓的心目中有很高的地位。世人称其"海龙王""钱大王"。

第十篇　杨时之功赛东坡

为官一任，造福一方。

北宋萧山县令杨时的确是个典范。他于萧山而言，于湘湖而言，立下了旷世之功。今天，人们徜徉于美丽的湘湖，依旧怀念他。这对一位逝世了约九百年的古代官吏来说，恐怕是此生最大的欣慰了。

北宋政和二年（1112），"程门立雪"的主角之一，人称龟山先生的杨时补缺萧山县令。四月，正是草长莺飞的季节，江南的风光最适合出游了。近60岁的杨时到达萧山，马上就进入了状态，调研、开会、关注民生。他是个实干家，不是空谈者。

杨时做官比较晚，主要是他好学，埋头做学问，有"闭门不仕"之说。他先后师从"二程兄弟"（程颢、程颐），他们讲授孔孟失传之学，自成一派，形成风尚，弟子众多。杨时不远千里，从福建将乐县老家赶到河南去学习。四年后，老师程颢死后，杨时还专门为老师设下灵位哭吊，并写信告知同学，是个有情有义之人。之后，他又去洛阳跟程颢之弟程颐学习。有一日，他去见程颐，程颐闭目静坐。杨时与同学游酢就在门外静静地侍立，等候老师醒来。待老师醒来，发现门外的雪下得一尺之深，杨时和游酢满身是雪，于是便有了"程门立雪"这个典故。

好学的杨时得到了程门理学的衣钵，他的声名跟他的老师一样远扬，各方士人不远千里来跟他交流与学习。因其学问好，人们尊称他"龟山先生"。学而优则仕。学者杨时在人到中年的时候进入了官场，但一直在基层打转。

此次杨时从余杭县令转任萧山县令，跨过了钱塘江。他的基层工作经验丰富。很快，萧山县城的现实问题进入了他的视线。最大的民生问题就是吃饭问题。农耕社会，头等大事就是吃饱饭。县令的职责之一就是让辖区内的人民吃饱饭，不饿肚子；一旦饿肚子，社会就会不稳定。当时萧山县城周边的土地因为没有良好的水利设施，收成很不好。农田易旱易涝，连年受灾，百姓生活很艰苦。

湘湖雪景

杨时上任不久，便遇上了春旱，大片农田干裂，其裂缝可伸进一只脚。没有水，就插不了秧；插不了秧，就没有收成，就会有饥荒。

心急如焚的杨时四处奔走，眼前看到的衰败景象令他不寒而栗。如果不解决好水源的问题，他无颜面对萧山百姓。他要做一件大事，引水入田，解决旱情。

一个好汉三个帮。

此时，一个关键人物帮了杨时的大忙，那就是县尉方从礼。方从礼是晚唐著名诗人方干的后人，年富力强，头脑灵活，忠诚，能担当，主管治安捕盗之事。其实杨时碰到的这个棘手难题，他早就想过方案，但一直没有机会尝试，或者说以前的县令并不支持他，他是英雄无用武之地。他告诉杨时，县西二里许，有南北诸山相夹的高阜台地，在形似"胡同"的两山间，有大片湖泊淤积而成的低洼之田。

方从礼说后，杨时拿来地图，发现这一大片沼泽之西是钱塘江，已经人工筑成堤坝，其他三面则被若断若续的山丘环抱。东南侧有西山、柴岭山、碑散山、石岩山；西有黄家坞山、越王城山、老虎洞山等。东南与西北侧的两条山丘，形成"八"字，山丘间为一片狭长洼地，形似胡同。杨时一拍脑门道：此地甚好！山岗可依，度地可圩。

狭长洼地内的这些田地原来是芦苇丛生的荒芜沼泽地，属无主田。后来有农家开垦，多年下来，连成片了。但这些田地现在归属于当地的官绅和富民，他们圈着这些田地。这些田地却是大隐患。从地理上说，地处江南的萧山县城常年春夏多雨，山水下泄，内涝成灾，淹没农田，导致歉收或绝收；遇到春夏之水多的年份，洪水外泄，又使附近村庄受灾。从利益上说，现在这些田地被地方官绅和富民把控着，他们绝不肯轻易放手。

理想很丰满，现实很骨感。

几十年前，以县民殷庆为代表的乡民们曾上奏皇帝，请求造湖灌田，宋神宗同意了，但因为地方上的官绅、富民的意见不一，事情没有落实。十几年前，乡民们再次上奏皇帝，又因为地方官绅和富民的阻挠，公文流转了一圈，事情最后又没办成。事实就是这样，县令是临时的，短则一两年，长则三五年，都会调任。在有限的任期内，他们不能不与地方乡绅搞好关系，否则说的话没人听，办事困难重重。而地方官绅和富民则是永久的居民，他们生于斯，长于斯，苦心经营几十年，哪有这么容易舍弃嘴边的肥肉？

杨时又去现场看地形，发现这南北诸山蜿蜒如长堤，自然天成；只要在"胡同"两头横亘筑堤便可成湖。一旦形成了一个湖，事情就好办了。春夏水多，就蓄水；秋旱时节，就放水。这一蓄一放，就解决了田地的旱灾与水灾之祸。他估算了一下，此处田地约万亩，但九乡（由化、夏孝、安养、长兴、许贤、新义、来苏、崇化、昭明）有十多万亩干旱之地。此处一旦形成湖，可造福九乡。

县令要办大事，还得依靠县里的各种力量，否则，孤掌难鸣。杨时毕竟是个读书人，七八岁就能赋诗，脑袋瓜子特别灵光，而且他又是理学专家，朋友、弟子不少，见多识广。他深谙民意很重要。于是，他召集九乡长老们开会，又带他们去现场踏勘，然后顺势拍板：筑湖解旱。之后，他让县尉方从礼放出风去，说杨县令准备筑湖解旱。一时间，民间议论纷纷。

当地官绅和富民坐不住了。他们知道杨时一旦下了决心，他们是挡不牢的。这个杨时做的事、出的招跟以前的县令都不一样。以前的县令虽然也有雄心壮志，但多半被糖衣炮弹给攻下了，但是杨时不吃这一套，他们初次与杨时碰面就感觉到了这一点；此人说是县令，更像一名耿直的读书人。可是，他们的利益要是得不到保障，他们也是不会答应的。很快，他们串联起来，共同商议此事，如何应对杨时的筑湖解旱。但他们没想到的是，杨时让人来邀请他们去开会。

县衙内挤满了人。杨时开门开大会，县衙内坐着官绅和富民，门外聚集着乡民们。这些官绅和富民马上就针对杨时提出的方案说出心中不满，他们觉得多年苦心经营这些低洼田地，并非强取豪夺而来，是他们的法定资产，不能任凭县令一句话，说收回就收回。

胸有成竹的杨时不动声色地倾听。等他们把话都说完了，他站起来道："各位，也让门外的人说说。"乡民们七嘴八舌，有痛哭流涕的，有跪倒在地的……场面几近失控。这像一场诉苦大会，其情其景令人黯然泪下。而且，这也是一个老大难问题了，今日不想办法解决，他日还将遭罪。官绅和富民们都低下了头，不敢吭声。他们心里也都明白，残酷的旱情就摆在面前，听闻有人卖儿卖女，也有人外出乞讨。他们要是不肯松嘴，弄不好乡民们会暴动。

杨时见火候差不多了，便让众人安静下来。他对官绅和富民们说：你们心有顾虑，怕利益受损，但筑湖是大事，更是迫在眉睫的急事、要事，给你们一定的补偿，你们必须支持筑湖。官绅和富民们愣住了。杨时接着说：谁要是敢拦我，我绝不轻饶。官绅和富民见此情形，知道是挡不牢了，于是也就顺水推舟答应了此事。

大事方针已定，接下来就是落实了。杨时知道，落实比决策更重要，他主要依靠县尉方从礼。一方面他上奏朝廷，要求拨款筑湖；另一方面他发动县里的力量，有钱出钱，有力出力。但县令的话有时候也不一定灵光。杨时要干的事其实就是现在说的征地，征地不仅仅是资金补偿的问题，还涉及故土难离的情感问题。湖区内有一个小村庄，几十户人家不肯迁走。杨时亲自登门去做思想工作，说尽了好话，磨破了嘴皮，喊哑了嗓子，但无济于事，最后他向乡亲们下跪，乡亲们才明白他的一片真心，同意迁徙。

依山为湖，筑土为堤。

浩大的水利工程于政和四年（1114）春竣工。这个水利工程可以与都江堰媲美。湖长约19里，宽1至6里不等，周长80余里。全湖废田3.7万亩，蓄水可灌溉周边九乡14.68万余亩田地。可贵的是，杨时并非只顾修湖，他把自己严谨的治学精神用到了工程中，首创了"均包湖米制"，让受湖水灌溉的田地代缴筑湖后被淹没湖田的税赋，既不减少朝廷的收入，也兼顾了湖田所有人的利益。现代的统筹学被杨时运用得得心应手。

一个湖建成了。

杨时无比兴奋，傍晚，他坐上了船。船走鱼游，碧波荡漾。湖面开阔，如同大海般浩瀚。微风拂来，杨时陶醉了。不仅仅因为眼前的景色迷人，更大的喜悦在于他实现了承诺。他想象着农民们丰收的景象，他们欢快的笑脸，不禁赋《新湖夜行》诗一首：

平湖净无澜，天容水中焕。
浮舟跨云行，冉冉躐星汉。

兴入湘湖三百里　HANGZHOU

烟昏山光淡，桡动林鸦散。
夜深宿荒陂，独与雁为伴。

大意如下：

　　平静的湘湖没有波澜，天空的倒影在水中显得更加鲜明。天上的云朵和星光倒映在水中，小舟在水面上漂浮而过，就好像行在云朵上，又好像在慢慢地越过星汉。天暗了，四周的山也不太看得清了，

湘湖杨堤

　　船桨移动之时，林鸦也被惊散。夜色深了，在荒坡住宿，唯独还可以看到大雁，与我相伴。

　　他是一个践守承诺之人，想当初他跟"二程"学理学，勤奋用功，并在老师面前承诺，定要将程门理学发扬光大。他到萧山之后，也收了许多弟子，传播程门理学。现在看来，他做到了。筑湖的承诺，他也做到了。倾尽全力，终成一事。幸之。

船慢慢地行着，湖水就像他脸上的皱纹似的。他轻轻地摸了一下脸，对着天空说道：不负光阴，不负百姓。

一天，他留宿在湖边的望湖楼里。四周静寂。他喝了一点酒，看着月色中的湖，轻声吟出《望湖楼晚眺》：

> 斜日侵帘上玉钩，檐花飞动锦文浮。
> 湖光写出千峰秀，天影融成十里秋。
> 翠鹬翻风窥浅水，片云随意入沧洲。
> 留连更待东窗月，注目晴空独倚楼。

大意如下：

傍晚西斜的日影，慢慢地接近门帘和玉做的帘钩；屋檐上的花饰图案栩栩如生，好像会飞动一样，彩色的图纹也似乎在浮动。湖上水波不兴，更加衬托出群峰的秀姿。天上的光影复杂多变，却与天地融合成了十里秋景。翠鹬随风翻飞，窥视着浅水里的鱼儿。片云随意飘移，飘向了滨水的远方。流连忘返，等待月上东窗，独自倚着楼，注视晴朗的夜空。

这个湖就叫湘湖。

其实，湘湖之名究竟始于哪个朝代，至今仍是个谜。一说是唐代便有湘湖之名，另一说是杨时筑湖后，方有此名。此湖在北宋前有"滇海""木鱼池""西城湖"等记载，后来又有"赛西湖""之垂湖""元宝湖"等名称。古代，湘湖区域就是水世界，随着时代变迁，或分割，或隔离，形态有变，名称有变，但最初就是一片汪洋。

苏东坡浚治西湖，主要是利用浚挖的淤泥筑了一条

翠鸟翻风窥浅水

堤，属于局部改造，并留下苏公堤之名。杨时建湘湖，则完全是首创，实现了从无到有，却并没有留下杨堤之名。直到2006年，湘湖一期建设完成后，才有了一条杨堤来纪念他。杨时建湘湖，历时两年，务实高效，成就传奇。约九百年后的今天，人们依旧记得他的功绩。

明朝诗人，萧山籍高官魏骥曾写过一首《湘湖》：

百里周围沙渺茫，龟山遗爱许难忘。
水能蓄潦容千涧，旱足分流达九乡。
荇带荷盘从取市，莼茎芡实任求尝。
邑侯乡父休轻视，圩岸时须督有方。

诗中的"龟山"就是杨时。魏骥肯定了杨时的功绩，湘湖建成之后，春夏时蓄水，干旱时分流，福泽九乡，莲、莼菜都丰收了，上市了，同时也提出了要用制度保护湘湖的围堤。魏骥告老回乡后，也不遗余力地投入了湘湖的保护之中，传为美谈。

明清时期，在湘湖畔建了德惠祠和道南祠，前者祀其开筑湘湖，后者为杨时的"程氏正门"和"南方道学之倡行"行孔庙式祭典。明朝嘉靖年间，皇帝下旨，在萧山县城建杨令牌坊，以彰显杨时在萧山德惠昭昭。牌坊上嵌一联：

眼前百姓即儿孙，留得儿孙地步；
堂上一官称父母，还他父母心肠。

杨时离开萧山后，一路高升，且高寿。这或许就是他的德惠给他的福报。正如著名理学家朱熹对他的评价：孔颜道脉，程子箴规，先生之德，百世所师。

第十一篇　湘湖：康王的避难所

> 远泛扁舟到上方，尘心半扫道心长。
> 影来石上摇松树，红缀阶前绽海棠。
> 古佛一灯参活句，前朝旧事拜岐王。
> 欲随渔子沧浪去，万里天风看渺茫。

这是明朝萧山诗人来集之《又过杨岐山寺》中的诗句，大意是：

> 远远地驾着小船来到杨岐寺，世俗的心便清了一半，悟道之心一下子就开发了。石上摇动着松树的影子，台阶前点缀着海棠的红花。对着青灯古佛细参深刻的禅意，凭吊岐王和前朝的旧事。想要像古人那样遇治则仕，遇乱则隐，但是风波渺茫让人看不清楚。

诗中的杨岐寺大有来头。杨岐寺位于湘湖畔，建于南宋嘉定二年（1209）。当时因有国戚杨氏齐王、冀王分别葬于东坞、西坞，故族人舍宅为寺，初名"崇福杨寺"，由宋宁宗御赐题额，后改名为崇福寺、岐王寺、冀王寺。明朝时，因寺建于杨岐山下，故易其名为"杨岐寺"。诗中的一句"前朝旧事拜岐王"，则与湘湖旁的杨岐山

杨岐钟声

渊源深厚，其背后暗指的主要人物就是南宋王朝的创立者赵构。

赵构天资聪慧，有担当，刚成年，就遇到金军包围开封府，他不畏生死，主动请缨，带使臣团去了金军大营。准备回来的时候，因金军大营被北宋军队攻击，金军元帅震怒，赵构一行人被扣留。随行的北宋宰相张邦昌吓得瘫成一堆泥，赵构却镇定自若，毫不畏惧，还与金军元帅比试箭术。这令金军元帅错判，以为他不是皇子，是冒牌货，便让北宋换真正的皇子来，并且点名让五皇子肃王来换。肃王到达金军大营，许诺割让三镇土地，并作为人质被扣留。赵构因此得以脱身。

赵构真是命大，但也足见其有胆魄。在金军元帅的眼里，北宋的皇子们都是草包，都是软骨头；偏偏赵构不怕死，因而被阴差阳错放走了。但是，不久他又以北宋全权代表的身份赴金朝议和，在河北被人劝住。之后，他受命为兵马大元帅，开始组织自己的武装力量，同时也知道了保存实力。

北宋末年，金军不断南侵。几场仗打下来，北宋节节败退，丢了大好河山。1127年，宋徽、钦二帝被金朝逮了，史称"靖康之变"，又称"靖康之耻"。两位皇帝和皇后、皇子们及众多妃子、皇亲国戚等三千人都成了金朝的俘虏，并被押至金朝，成了奴隶。北宋事实上已经灭亡。

皇帝都被逮了，国都肯定破了。五年前，被封为康王的赵构现在成了继承皇位的理想人选，且是不二人选。在宋徽宗的众多儿子中，赵构属于聪明能干、文武双全型的，知识渊博，记忆力强，据说每天能读书籍千余言，且武艺超群。赵构成了"漏网之鱼"。于是，一些大臣保护着赵构亡命天涯，东躲西藏。他们先是逃到了应天府（今河南商丘）。在宋人心里，国破山河在，赵构的生死关系到国家的前途命运，只要皇家正统的他还活着，国家就有希望。

国不可一日无君。赵构称帝，改元建炎，成为南宋的第一位皇帝。

当皇帝的感觉真的不错。20岁的赵构一旦坐上皇位，人就变了。他此时并不关心远在金营的父兄和母亲、妻子的生死，没有北伐的念头，只想偏安一隅，自得其乐，纸醉金迷。这一点，他像是遗传了父亲赵佶，赵佶痴迷于书法艺术，是出了名的玩家。玩家玩过了头，把江山都玩完了。赵构享受着当下的帝王生活。

金军不撤退，江山就不稳固。更何况金军知道宋朝新的政权又建立了，必定要灭之。半夜三更，赵构还是会从梦中惊醒。梦中，他不时听到父亲母亲和兄弟们的哭泣声，他们过着悲惨的生活。天一亮，当他坐上龙椅，听百官山呼万岁之时，昨晚的梦境就消失得无影无踪。

眼看着金军步步进逼，形势迫人。朝廷内相应生成两派：主战和主和。双方分歧很大，争执不下。什么时候干什么事，这一点赵构脑子还是清醒的。要是金兵破了城，他的命运恐怕比父亲和兄长更惨。尽管他心里一百个不情愿，也不得不启用主战派代表人物李纲。不多久，看到金军来势汹汹，赵构心里还是慌了。1129年，据说在大将戚骏升的保驾下，赵构匆匆南逃。

逃亡者的内心是无比恐惧的。风吹草动害怕，闪电响雷害怕，马嘶人语害怕……逃亡者赵构的心一直吊在嗓子眼上。他梦想能安定下来，过上一阵幸福生活。但往往刚逃到一个地方，马上就听说金军逼近了。

赵构继续往南逃。

事实上，他们并没有既定的落脚地……过杭州、渡钱江、历冠山、涉湘湖，躲藏在湘湖边的戚家山（亦称杨岐山）下的山坞农舍中。萧山民间有"泥马渡康王"的传说。此处偏僻，不易被人察觉，且前有湘湖阻敌，后有杨岐山庇护，是比较理想的避难所。

逃亡者赵构此时总算喘了一口气。这儿山清水秀，风光宜人，山野之风清鲜，令人陶醉。他想起了陶渊明的"采菊东篱下，悠然见南山"。身逢乱世，皇帝落难，他更愿意把这儿当做他的世外桃源。他后来写的《渔父词》其十可以证明此时心境：

远水无涯山有邻，相看岁晚更情亲。笛里月，酒中身，举头无我一般人。

岁月静好只是赵构的一厢情愿。

不时传来坏消息，这让赵构心慌意乱。尽管忠心耿耿的大将戚骏升时不时从附近的山湾里过来，安慰他。为了保护赵构，戚骏升也是动足了脑筋。他知道，赵构身边有不少皇亲国戚，他们平时颐指气使惯了，眼睛长在额头上，虽说现在是避难，可跟他们说话还得小心翼翼。他把人员分散躲藏在各处。因为人员过于聚集，既容易走漏风声，又会让赵构平添烦躁。他和一部分人驻扎在附近的山湾，筑起了第一道防线。

金军四处打探赵构的下落，只有抓到赵构，大宋朝才算彻底灭亡。只要皇家的这一缕血脉存在一天，宋朝的百姓就会心存希望一天，他们就不会屈服。金军的进攻也的确遭到了众多的抵抗，如岳飞和他的岳家军，就是一支顽强的队伍，他们屡败金军，收复了许多失地。

湘湖水，江南情。

赵构偶尔踱步到湘湖边，看着这浩瀚之湖，心想这儿才是幸福之地。倘若没有战争，该多好啊。他可以吟诗作画，可以跟妃子们调情，可以一醉方休……前线战报至，金军已然逼近江南，恐怕这样的好日子不久矣，他将不得不再次逃亡。

如百姓一样的平淡生活对皇帝来说，总是烦恼的。宋人对生活的品质要求极高："不苟简。"更何况他不是凡人，他是皇帝。虽然杨岐山中山野之物颇多，但这依旧满足不了赵构对皇家生活的无穷无尽的念想。他开始思念昔日光阴：金碧辉煌的宫殿，锦衣玉食的生活。

赵构的人生观在逃亡生涯里改变了。如果说以前他还是有血性的，有一身胆气的，曾不惧敌方强大，单刀赴会，现在他心里想得更多的是以求和来保全自己。割几座城池算什么？丢一部分国土算什么？只求活命，只求当个能活着的皇帝，至于窝不窝囊，丢不丢人，他一概不管。这种及时行乐与享受的思想几乎贯穿了他余下的人生。绍兴三十二年（1162），赵构在当了36年皇帝，以"倦勤苦"、想多休养为由，传位给赵昚（宋孝宗），自称太上皇帝。又过了25年，他才去世。

主和的赵构除了贪图生活享受之外，他心里还有一个十分复杂的秘密：尽管朝中有大臣屡次建议他北伐，迎二帝回来，岳飞也是，决心很大，但他十分犹豫。有一天，父亲和兄长要是真的回来怎么办？他们要是回来，他就当不成皇帝了。他不当皇帝也可以，但更危险的是，如果二帝回来与其他武将或军阀联手，那岂不是要发生内战？到时候支持他的大臣们反水，他的命都没了。有时候他强颜作笑，但心里却是死灰一片。

身边的皇亲国戚、宠臣和宦官最懂他。只是苦于杨岐山毕竟不是繁华的国都，有些事目前只能想想，无法付诸行动。他们劝赵构要挺住，待到金军从江南撤退的那日，便是他们恢复荣耀生活之日。这儿只是一个临时避难所，不是长久安身之地。在他们的眼里，他们都看中了临安（今杭州）这个地方。

在杨岐山避难的这一段光阴在宋高宗赵构的一生中烙下了重要的印记。一个落魄的皇帝，一个内心只想求和的软弱者，一个标准的逃亡者，一个伪装的农夫，一个孤独的钓者，一个单薄的秀才，一个面带微笑却内心痛苦的邻家兄弟……在这里，诸多身份都适合他。这里的一草一木，一山一水，乃至呼吸的空气都在提醒他：活下去。

金军越来越近了。

赵构又带着人逃了，逃到越州、明州、定海、温州等地。他依旧是一个不折不扣的逃亡者，哪怕他内心的恐惧已然到了极点，在金强宋弱的大格局下，他无法逆转。直到1130年，金军撤离了江南，赵构方才停下逃亡的脚步。

1131年，回到了越州的赵构才得以安定下来，小小地过了一把做皇帝的瘾。第二年，他带着众臣从绍兴出发，经钱清、萧山，抵临安府。此时，赵构真正站稳脚跟，他的逃亡生涯基本结束了，担惊受怕的日子终于告一段落了。

这期间发生了一件令赵构感到耻辱之事——兵变。

萧山江寺

他身边人并不是跟他一条心，尤其是当他们看到他听信宠臣，便动手了，杀掉了赵构的几个宠臣和宦官，赵构被逼迫退位。幸好一些将领保他，发起了"勤王"运动，才让他逃过一劫，再次当上了皇帝。这次兵变，令惊魂不定的赵构心里下了狠心，他必须控制武将，任何一名实力雄厚、有大量部队的武将都要加以防备，以免再发生类似的事。于是，他对英勇善战，声望极高的岳飞的戒心越来越重。

一直等到1138年，正式定都临安。临安者，南宋临时的安居之地，时又称"行在"。

吃水不忘挖井人。

赵构也算是知恩图报之人。他对戚骏升当年的保驾杨岐山念念不忘，江山坐稳了，便赐当年自己的农舍为"新安坞"。保驾功臣戚骏升被升为太尉，成为赵构身边信得过的红人。后来，年老的戚骏升在渡钱塘江时，遇到了大潮，船翻人亡。他儿子戚思孝把父亲的遗体就近埋葬在杨岐山下，自己建造茅屋，在此守孝。

原籍安徽安庆的戚骏升因此成了萧山戚氏始祖。现《萧山戚氏宗谱》尊戚骏升为第一世，其儿子戚思孝为第二世。山下原有戚氏宗祠，内塑戚骏升像。明朝天启年间，其祠与塑像尚在，至清朝时"栋宇摧残"，已不复存在了。

光阴一瞬间。

纵观赵构的一生，有一条清晰的分界线，那就是成为皇帝的那一天起，他就变了。年轻气盛和勇者无惧一夜之间消失得无影无踪，取而代之的是贪生怕死，迷恋皇位，纵情享受。他败给了现实。在位的三十多年，他也一直在妥协，一心一意只想求和，他重用的大臣像秦桧、万俟卨、汤思退等人，都是主和派代表人物。虽然他曾经也任命岳飞、韩世忠、吴玠、刘光世等人做好军事部署，但这只是他跟金朝议和的筹码。在面对强敌之时，他内心的软弱从来就没有转变过，他的皇帝史更像一部求和史。绍兴十一年（1141）十一月，以赵构和秦桧为首的主和派与金朝签订了屈辱的和约，南宋除向金朝称臣外，每年还要纳贡银25万两、绢25万匹，史称"绍兴和议"。加上当时送给金朝统治者的贺正旦礼物"以巨万计"，这是典型的送钱买平安。和议后不久，朝廷又将抗金名将岳飞以"莫须有"的罪名杀害了。

从另一个角度来说，也正是赵构的妥协策略，使得南宋得以存世和发展，百姓免于战祸。打仗需要大量的军饷开支，钱从哪儿来？赵构算过一笔账，与其不断地打仗耗费大量军饷，倒不如与金朝议和，这样国内民心也稳。历史的复杂性往往超出我们的想象，赵构创立的南宋始终处于北方金朝的战争威胁之中，他能保住南方，能保住局部江山，也真的不容易。《宋史》把赵构和刘秀相提并论，定为中兴守成之明君。后世也有人称他为"中兴之主"。

1187年，赵构病故。据《思陵录》记载，赵构死后，于三月十八日出殡，从杭州清河坊与望江门之间的新开门出发，登舟渡钱江至西兴，由车马送行二三里至运河埠头，然后由108只大船开道，104只大船押后，于是日晚抵达萧山县城江寺，在江寺宿夜，翌日又行35里至萧山衙前吃中饭，饭后继续东行，于二十日抵达绍兴，葬于绍兴东南18里处的上蒋乡攒宫村宝山南麓。也有一说，说赵构死后，棺木停置两年，于1189年三月丙寅日才下葬，原因在于宋孝宗翻起了岳飞的旧案，为之平反，以抚民心，才这么做的。

第十二篇　陆游来了

南宋有一位诗人对湘湖情有独钟，他就是大名鼎鼎的陆游。湘湖这个湖名的声名远播，陆游发挥了独特的作用，堪称功臣。他来湘湖散心、会友、游玩，喝小酒、尝江鲜、吃莼菜，写了一些诗，诗中不仅多次点了湘湖之名，还捧红了湘湖的土特产——湘湖莼菜。

湘湖莼菜是一种水生植物，脆嫩爽口，香气浓郁，风味独特。早在东晋时就有"莼羹鲈脍"的记载，以莼菜调羹，成为宫廷佳肴。据说陆游有四十余首描写莼菜的诗作，诗中尽情地描述了莼菜的采摘、上市、烹煮等情景。陆游毕竟不是一个只专注于吃的诗人，而是一个胸怀大志之人，他有一首《新晴马上》：

一剑飘然万里身，白头也复走京尘。
画楼酒旆滴残雨，绿树莺声催暮春。
绝塞勒回勋业梦，流年换尽市朝人。
此生安得常强健，小艇湘湖自采莼。

大意如下：

想当年，我仗着一柄剑飘然一身，行走万里，是何等的豪迈潇洒；没想到临近白头年老之时，却要再来京城，重入尘俗之事。路边华丽酒店的酒旗滴着残存的雨水，树上的莺鸟死命地催赶着春天，好像到了暮春。当一个人从极远的边塞凯旋，完成建功立业梦想的时候，无情消逝的流年却已经把旧日朝野之间的亲朋故旧全部换掉了。人这一辈子怎么能始终强健呢，还不如坐在小船上在湘湖里自由自在地采摘莼菜。

"此生安得常强健，小艇湘湖自采莼"一句，既道出了湘湖的莼菜之美味，又十分贴切地表达了陆游的内心，那是经历了坎坷与风雨之后的宁静。坐在小船里，慢慢悠悠采摘着鲜活的莼菜，与世无争。

临安（今杭州）城内的西湖也有莼菜，但上佳者当数湘湖莼菜。南宋《会稽志》载："萧山湘湖之莼特珍。"明万历《萧山县志》云："莼出湘湖至美，较胜他产。"在陆游的嘴里，他不仅品出了莼菜的高下，也品出了湘湖的风骨。这或许与他的性格与心情有关。临安城内，

湘湖采莼菜

歌舞升平，南宋王朝渐渐没落，但官场纸醉金迷的风气和恶习盛行，奢侈之风盛行，今朝有酒今朝醉。忠心爱国、愤世嫉俗的陆游怎么能看得惯呢？

陆游这一生，忧国忧民，尤其爱国。年轻时，他与唐琬的爱情悲剧令人扼腕叹息。他是个孝子，因母亲不喜欢唐琬，只得分手。他怀着一颗受伤的心去考试。他的官场生涯就是一部他的爱国史，这在偏安、腐朽的南宋王朝的众官里有些另类，也注定他受到各种排挤，不被重用，颇不得志。陆游之所以令人敬佩，就在于他始终没有改变自己的初心——爱国。

喜吃莼菜的陆游便时常跨过钱塘江来湘湖，罢官后便从老家绍兴过来。这个爱好贯穿了他的一生。其实，他并非一个美食发烧友，而是享受在相对宁静的湘湖，边喝酒，边吃莼菜，边思考社会与人生。吃莼菜更像一个仪式。莼菜在他的心目中，具有某种不可言说的特点，像一种寄托。有时候，烟雨蒙蒙，他在某个酒家喝点酒，抒发一下情感，顺便写首诗。写诗对陆游来说，小菜一碟，他一生创作了九千多首诗词。比如《灯下读玄真子渔歌因怀山阴故隐追拟》："湘湖烟雨长莼丝，菰米新炊滑上匙。云散后，月斜时，潮落舟横醉不知。"诗中就提到了莼菜。他这次喝得很尽兴，醉了。

醉了才好。生在一个羸弱的没有安全感的国家，生在一个时不时以求和来保全江山的国家，对一个爱国者来说，奇耻大辱不说，深入骨髓的痛苦就像大海一样无边无际，令人窒息。他眼看着金朝占据中原大好河山，软弱的南宋王朝却没办法，只有称臣、割地、送钱。金朝时不时来耀武扬威一下，南宋王朝就吓得赶紧议和。危险过去，胆怯与腐败的官员们在风景宜人、富饶繁华的临安城里依旧醉生梦死，及时行乐。

陆游是坚定的抗金派，他心里有一个强国梦。他要跟敌人斗争到底。但他的声音总是被主和派的巨大声音淹没，权衡得失之后的皇帝始终站在主和派的那边。因此，他心里的郁闷可想而知。而且，他的入仕之路很不顺，刚考上进士，就得罪了朝中重臣秦桧，一直坐冷板凳。秦桧死后，他才有机会真正步入仕途，才有机会替国家效力。

他心直口快，敢于批评皇帝。在宋高宗眼里，陆游官虽小，胆很大，想想跟他计较有失皇帝身份，于是采取不理会政策。生性耿直的陆游并不吸取教训，依旧心直口快，他有太多的话想说了，他有太多的策略想呈献，他心里的南宋应该是国强民富，军队能打仗，且能打胜仗。但是皇帝装聋作哑，根本就不理会他。他燃起的希望之火熄灭了。

在宋孝宗时期，陆游的希望之火再次燃起，他知道宋孝宗是一位想有作为的皇帝，也是志在恢复旧土的君主。于是，他又向皇帝建议加强吏治和治军，然后进军中原。宋孝宗有自己的计划，他重新启用废黜近二十年的主战派代表张浚，为防止反对派干预，径直绕过三省与枢密院，直接向张浚和诸将下达了隆兴北伐的诏令。陆游得知旧友张浚担任北伐总指挥，很高兴，恨不得自己能参加北伐。然而，由于军队内部的诸多原因，隆兴北伐在有一个好开头的情况下，结果却失败了。内心无限失望与悲伤的陆游变得有些絮絮叨叨，他不停地写材料上奏，惹怒了皇帝，被贬了。

到了地方上，陆游的性格依旧没改，他看到和约将要重新签订，便又向皇帝建议，将国都从临安迁到建康（今南京）去。他有充分的理由：江东之地，自吴国以来，莫不以建康为都城。临安濒临大海，运粮不易，且易受袭击，皇上驻扎临安，只能作为权宜之计。和约签订之后，皇上应驻扎建康、临安，金朝来使，或到临安，或到建康，这样一来，可以争取时间建都立国，而不令金朝生疑。

陆游的话令皇帝很不高兴。宋孝宗心想，我即位后，一心想要收复中原，结果却是如此，我心里比你们谁都伤心。议和的条件多丢人啊！除了割地，每年上贡，两国居然以叔侄相称（金朝皇帝为叔，南宋皇帝为侄）。我这心里如同刀割似的。陆游你的确忠心报国，但我这个皇帝何尝又不如此呢？皇帝的心思陆游不懂，他只看到眼前的局面，总是纠结于面上的事，皇帝对此很生气，便毫不犹豫地罢了陆游的官。

四年后，陆游再次进入仕途，去了四川。他不受重用，清闲得很。据说他是骑着毛驴入川的。在成都，人到中年的陆游过了几年逍遥生活，喝喝酒，写写诗。他心里憋着一股气，但也没地方可发泄，写的报国之策也不被采纳。表面上，他若无其事，悠然自得，可心里，他苦得很。

新皇帝宋光宗继位了，陆游终于又升官了。但不久，他又管不住自己的嘴了，向宋光宗提意见，请皇帝带头节俭，引领社会风气。这让宋光宗很懊恼，心想我一个皇帝，吃的用的当然要有皇家的气派了，你提什么意见啊！皇帝心里的无名之火正没处发呢。不久，陆游被弹劾了，主和派趁机落井下石，最终以"嘲讽风月"为名，皇帝将他削职罢官。

陆游心里的怒火熊熊燃烧。他本来以来换了皇帝，会明白他的苦心，会理解他的爱国之心，但皇帝们走马灯地换，却都一个样。他知道自己是主和派的眼中钉，朝中又是主和派占上风，只要自己一天不改主张，就一天没有好日子过。他愤怒地离开了京师，回到老家绍兴。这时候的陆游已是个老头了，头发白了，身子骨弱了。他在家养花种草，游山玩水，但他并没有忘记练剑，每天清晨，他必定会练剑，他的每一个击杀都像是在前线杀敌。

湘湖在陆游的心里是一块净地。

他每次来到湘湖，都会眺望对岸的临安城。此时，他满腔的报国之心无处安放，壮志难酬，他就像这个世界的最后的清醒者，用他愤怒的目光注视着江对岸的那个王朝，注视着那些灯红酒绿，注视着那些醉生梦死。他的忧伤就像湘湖水一样荡漾，他心里的痛苦翻江倒海。他童年时便目睹了北宋的灭亡，看到了百姓流离失所、妻离子散的悲惨景象，他知道一个朝代的灭亡必然引起社会大动荡，给人民带来无穷无尽的痛苦。他一厢情愿地认为只要打败了金朝，国家便会扭转羸弱的局势。他渴望一个强大的国家在他的眼前诞生，人民安居乐业。

湘湖安静地看着他。

他缓缓地走着，已到了老年的他，身体大不如前了，但他的一颗心始终没变。他到达渔浦渡口，静静地伫立。眼前的钱塘江波涛起伏，潮水奔涌，引发了他内心的激动。当他回头望去，发现湘湖的秀色配以钱塘江的奔涌，美妙绝伦。他坐船去江对岸的桐庐县，他后来吟出了《渔浦》二首：

其一

　　桐庐处处是新诗，渔浦江山天下稀。
　　安得移家常住此，随潮入县伴潮归。

其二

渔翁持鱼叩舷卖，炯炯绿瞳双脸丹。
我欲从之逝已远，菱歌一曲暮江寒。

"渔浦江山天下稀"这句诗，如今成了萧山区义桥镇的宣传语。从诗中分析，此时的陆游并非是一个旅游者，他只不过是借用风景抒发他的内心。这么美的风景，这么好的江山，要保护啊。归根结底，陆游心里的爱国情怀始终没有断线，无论他身在庙堂，还是归隐于民间，无论他身处顺境，还是跌入低谷，他念念不忘的就是报效国家。

在陆游的心里，他始终挂念着国家，一颗心永远都呈现着爱国主义的光芒。他与同为爱国诗人的辛弃疾结下了纯真的友谊，他鼓励辛弃疾去前线，上阵杀敌。他以为岁月可以改变自己，但最后发现，他还是那个愤怒的陆游，还是那个有着拳拳爱国之心的陆游。愤怒出诗人。陆游一生写下了大量的诗作，这在中国古代诗人中属高产诗人。他需要用诗来化解内心的愤怒，否则，他会被愤怒吞没的。活着一天，就爱国一天。

陆游游览湘湖的同时，行走萧山县城。他与萧山极有缘分，曾经去过萧山南阳，写了一些钱江潮的诗作，后来的南阳美女坝也成为最佳的观潮点之一。在萧山城区，几乎处处留下了他的足迹，比如《萧山》："素衣已免染京尘，一笑江边整幅巾。入港绿潮深蘸岸，披云白塔远招人。功名姑付未来劫，诗酒何孤见在身。会向桐江谋小筑，浮家从此往来频。"他虽然赋闲在家，但心里想的还是国家，还是为国效力。他的诗作格局奇大，豪气冲天，呈现少有的刚性，孤独与愤怒始终萦绕在他的心头。

十多年后，陆游再次入仕，成为编史官。

此时的陆游已经快 80 岁了，瘦骨嶙峋，人生暮年。但他依旧初心未改，当听说南宋准备北伐时，欣喜若狂，泪如雨下。这一天他等得太久了。他一辈子只想听到一个好消息，那就是收复中原。他希望此次北伐能成功，能彻底地打败金朝，国家能再次强大，从此再也不用受金朝的威胁。然而，世事难料，最终还是失望，北伐失败了。

陆游听到消息，老泪纵横。他心里的最后一丝希望之火被现实的黑暗无情地吞噬了。他静静地坐着，仿佛一棵死去的老树。他想起了钱塘江的潮水，潮起潮落；他想起了自己的一生，为追求强国梦而奔走与呐喊，而他的一颗赤诚的报国之心终将在岁月里腐烂。

临死前，85 岁的陆游写下了今人读来依旧热泪盈眶的绝笔《示儿》：

> 死去元知万事空，但悲不见九州同。
> 王师北定中原日，家祭无忘告乃翁。

陆游来了。

陆游走了。

一个伟大的爱国者心里装的是国家和人民，哪怕死了，他的灵魂里也装着国家和人民。在那个令人悲哀的时代，陆游就像湘湖里的莼菜，珍贵且稀少。这一条来来往往的人生通道，他始终选择了一种方式：爱国，永不回头。

第十三篇　文天祥湘湖铸忠心

美男子文天祥是一条响当当的汉子。

"人生自古谁无死，留取丹心照汗青。"这两句诗照亮了天空，流传千古。爱国，尽忠，宁可死，决不降。一个昂首挺胸、正义凛然的男人从南方被押到了北方的大都。行刑之日，他从容地走向了刽子手，把头一伸道："来吧，痛快点。"刀落之处，鲜血四溅。此时坐于宫中的元世祖忽必烈黯然神伤，如丧考妣。之前，他曾亲自劝降文天祥，许以中书宰相之职。在他看来，文天祥就是南宋的脊梁，是精神支柱，他若降了，南宋就真的垮了。文天祥不为所动，慷慨赴死。

南宋末年，元军势力见长，沿长江东下，逼近临安。南宋王朝到了崩溃的边缘。朝中众臣，人心惶惶。一些官员已早早弃官而逃。皇帝年幼，据说当时66岁的太皇太后无比愤怒，命人在临安城里贴榜痛斥逃跑的官员，这成为一大历史笑话。在生死面前，许多人的选择是保自己的命，而不是保大宋江山。

天下兴亡，匹夫有责。

一直心系国家安危,在江西做官的文天祥闻讯,把家产都变卖了,用来招募士兵,前后共招得五万人,一路赶来保卫临安城。尽管他之前的遭遇并不公平,因为得罪朝中重臣贾似道,被罢过官,但国家危难时,他不计前嫌,挺身而出。史料记载,当得知朝廷诏令天下勤王,"体貌丰伟,美皙如玉"的文天祥捧着勤王诏书痛哭流涕。

一触即溃的南宋军队怎么能跟如狼似虎的元军对抗呢?文天祥临时组建的一支军队遭遇强劲对手,危急之下,附近的友军却见危不救,他只得退守余杭。元军三路大军直逼临安,准备一鼓作气灭掉南宋王朝。朝中的大臣们几乎逃跑殆尽,只留下一些忠心耿耿的下级官员,誓死抵抗。显然,文天祥是其中的杰出代表。

临安城内阴云密布。

文天祥快步进宫,面见太皇太后。太皇太后流着泪说:朝中几无可用之人。不仅仅是官员逃跑,一些宫女也消失了。文天祥看着瑟瑟发抖的年幼皇帝和流泪的太皇太后,也是泪流满面。他是堂堂男子汉,在国家危难的紧要关头,必须站出来。德祐二年(1276),他被任命为临安知府。不久,又被任命为右丞相兼枢密使,全权负责保卫临安事务。

某一日,文天祥到达萧山固陵。《越绝书》记载:"浙江南路西城者,范蠡敦兵城也,其陵固可守,故谓之固陵。"他兴许是来寻找退路的,毕竟,钱塘江相当于一道天险。如果临安城失守,那就过江,退守固陵。他一边走,一边巡查军防、要塞。看着钱塘江和与之相邻的湘湖,他感慨万千,想起了以前写的一首《固陵道中》:

九天云下垂,一雨作秋色。

兴入湘湖三百里

HANG ZHOU

尘埃化泥途，原野转萧瑟。
十里一双堠，狐兔卧荆棘。
见说数年来，中州乍苏息。

大意如下：

　　高天上黑云低垂，一场大雨给大地染上了秋色。由于下雨，道上的尘埃化作了泥泞，原野也变得一片萧瑟。行进在路上只见路边的里程碑、荆棘中出没的狐狸和野兔。听说这几年来，中原一带刚刚有点复苏。

第十三篇 文天祥湘湖铸忠心

一雨作秋色

  关于此诗，也有一说，诗中的固陵是河南固始的固陵。且不管此固陵到底是哪个固陵，但明确的是，那一年，元军尚未占领中原。秋天他来固陵，眼前景象尚不错。由于连年征战，百姓苦不堪言，他当时只希望国家能休养生息，让百姓可以喘口气。毕竟，那时的国家尚算稳定。

  现在，他再次来到固陵，心事重重。眼看着元军就要围城了，凭临安城内的这点力量，最终将是无法抵挡的。明知道危机重重，依然挺身而出，不然，南宋就要灭亡了。城若破，人便亡。哪怕死，他也要拼死一搏。他重重地叹息一声，然后去了不远处的越王台。遥想当年勾践在此忍辱负重，操练兵马以图复国。

他静静地站着，仿佛听到了无数士兵的呐喊声隐约传来……湘湖风光尽在眼底。这山这水虽美，但一想到元军一旦攻入临安城，生灵涂炭，这样秀美的山水将被鲜血染红，他的眉头又皱了起来。他回忆着每一次战斗，大好河山，一块又一块地失去，多少人头落地，多少村庄毁于一旦，多少家庭生离死别！他心里翻江倒海，双肩陡然沉重。

回到临安城中，他发现城中百姓都有些忧伤，士气低落。不久，听到探子来报，元军已包围了临安城。他知道，最危险的时刻来临了。此时，他想起了朋友曾劝阻他说：元兵三路直逼临安，而你却带着这些新招募的士兵去跟元军作战，这跟赶着一群羊入虎口有什么区别？他说：我又何尝不知，但国家危难，朝廷下诏勤王，却"无一人一骑入关者，吾深恨于此，故不自量力，而以身殉之"。

文天祥明知这是一条不归路，仍然义无反顾地站在了最危险的位置，凭一己之力担当。城外的元军统帅兼丞相伯颜让人送信给文天祥，跟他说：只要投降，不仅保命，还可升官。文天祥撕了信，他斩钉截铁地告诉来使：宁为玉碎，不为瓦全。

城外元军的兵力越来越多。又有一批朝中的官员无比害怕，他们想方设法逃跑了。临安城风雨飘摇。他再次被太皇太后紧急召见……这是他极为痛苦的，他要拼命，可朝廷却被吓破了胆，人心涣散，战斗力丧失。

议和。这是风雨飘摇中的南宋王朝的最后一张底牌了。很显然，开战，便是失败，便是灭亡。只有议和，尚能喘一口气，尚能活命。但是，哪怕就是议和，朝中也无人敢去元军大营谈判，元军如狼似虎，他们生怕一去便回不来。文天祥再一次挺身而出。他只身赴元军大营，议和。

趾高气扬的伯颜见到文天祥，便百般刁难他。这让文天祥怒火中烧，他当面痛斥伯颜，把伯颜骂了个狗血喷头。伯颜自率领元军进军中原，南下以来，从未遇到如此大胆、刚烈之人。恼怒之下，伯颜命人将文天祥拘押起来。

第二日，伯颜再次来找文天祥。在他看来，南宋的官员都是软骨头，文天祥虽然刚烈，但在铁一样坚硬的现实面前，也不会例外，拘了一夜，应该老实些了吧。没想到，他再次碰了钉子。他居然遇到了一个不怕死的。尽管他无比恼怒，但他也不敢私自杀了文天祥，大统帅忽必烈曾经交待过他，一旦俘获有勇有谋的南宋官员，一律送到大都，由他亲自处置。忽必烈的考虑是灭掉南宋之后，如何统治这片大好河山，他需要一批投降过来的忠诚于他且用得上的官员。

临安城内乱成一锅粥。

铁骨铮铮的文天祥去议和没有回来这个消息就像一颗重磅炸弹一样在临安城内爆炸了。临安城内的每个人都知道文天祥才是他们的希望所在，他一旦消失，那就是末日来临了。大大小小的官员逃的逃，躲的躲，四散了。上朝时，昔日众官员齐聚一堂的景象消失了，只能见到零星的几位官员还在坚守岗位，但他们脸上也全是恐惧之色。临安城的沦陷，近在眼前了。

被拘押的文天祥热泪盈眶，他仿佛看到了临安城里的景象，人们四下奔逃，到处唉声叹气。他从踏进元军大营的那一刻开始，心里就明白宋军根本无法与元军抗衡，元军是虎狼之师，过于强大。他心里一百个不情愿，为了保住这最后的颜面，保住大宋的血脉，也只得来议和。他希望能多撑一天是一天，他要给临安城的皇室逃离争取时间。但是，押解他北上的人已经到了他的跟前，他要启程了。

过了几日，南宋朝廷在临安向元军投降。在投降之前，南宋进士陆秀夫，秘密护送赵宋皇族最后的直系血脉——7岁的赵昰和5岁的赵昺——出走福州。

幸运的是，文天祥在被押解北上的途中逃脱。他得知皇族血脉在南方，于是一路披星戴月，赶到福州。文天祥、张世杰、陆秀夫等这些曾经的南宋王朝的下级官员，用他们的忠诚护卫着皇族血脉，他们拥立赵昰登基，为宋端宗。

战争并没有停息。

元军依旧在追击着宋朝的残余部队，而且下手极狠。文天祥再次组织义兵，战斗不息。在每一场战斗中，他都会直面死亡，心底里也总有一个声音在问他：你这么做值得吗？你可以归顺元军，当大官，享尽荣华富贵，你用不着如此奔波，可以稳坐庙堂，锦衣玉食。每当这样的念头升上来，他便会对着心口狠狠地捶一拳。

在一场战斗中，他的妻子被俘虏了。唯一的儿子也在瘟疫中死去了。他身边几乎没有亲人了。他的军队还在，他的信心没有丧失。在厮杀声中，他依旧冲锋在前。明知山有虎，偏向虎山行。

只是英雄末路。终于，他成了元军的俘虏。

厓山之战，极其悲壮。这是南宋对元的最后一战。

宋军惨败。据史料记载，南宋最后残存的十多万军民，或在战斗中壮烈牺牲，或不甘受辱投海自尽。陆秀夫背着皇帝投海自尽，将领张世杰也投海自尽。一向偏安且软弱的南宋在最后的灭亡之时，却唱响了一首悲壮刚烈之歌。

自杀不成的文天祥又要被押解北上了。他思绪万千，胸中波涛汹涌，他想起了勾践亡国与复国，想起了湘湖的风和日丽，想起了临安城的繁华。他多想回到那种国家稳定、人民安康的生活中去。他泪水长流，吟了自己写的一首《越王台》：

登临我向乱离来，落落千年一越台。
春事暗随流水去，潮声空逐暮天回。
烟横古道人行少，月堕荒村鬼哭哀。
莫作楚囚愁绝看，旧家歌舞此衔杯。

大意如下：

在一片战乱声中，我登上了千年的越王台。春

越王城山城山寺遗址发掘

色已随着时光流逝，晚潮声声在夕阳中奔逐而来。暮烟笼罩的古道少有人影，月光洒落在荒凉的村落上，依稀听到哀哀的鬼哭。不必像楚囚那样忧愁，就着从前的歌舞喝一杯酒吧。

此诗也有另一种说法，说诗中的越王台位于广州越秀山上，越王指的是南越王赵佗，而湘湖的越王台指的是越王勾践。从地理位置上看，广州越秀山周边没有大江大河，而湘湖则与以潮水著名的钱塘江相邻。"潮声空逐暮天回"这一句，点明了潮水这一特性，因此，诗中的越王台更有可能是湘湖越王台。

没有人能撼动文天祥的内心，除了他自己。他的一颗忠诚之心在他走上越王台的那会儿就已经铸就了，再也不会变色。

正直、勇敢、有信仰、敢于担当的文天祥到达大都，他经受了诸多引诱，经历了无数次提审。在忽必烈看来，只有文天祥归降，大宋子民之心才会降，因为文天祥英勇抗敌的故事已经传遍大江南北，他的存在就像一座独立的山峰，他的价值远超众多投降的南宋官员团体，他是一个铁骨铮铮的异类。忽必烈也是煞费苦心，一心想招降文天祥。但是他永远没有想到，文天祥早就把个人生死置之度外。对于生死，文天祥这么说："天下事有兴有衰。国亡受戮，历代皆有。我为宋尽忠，只愿早死。"

1283年1月9日，文天祥抱着必死之心，走上了法场。他环顾四周，朝南方故国大宋的方向跪拜，然后站起来大声道："吾事毕矣！"他微笑地昂着头，等待剑子手的大刀挥来。那一刻，天空万里无云，无比纯净。

第十四篇　国师的异乡情缘

明武宗正德九年（1514），在刘伯温死后139年，皇帝说刘伯温"学为帝师，才称王佐""渡江策士无双，开国文臣第一"，封太师，谥号文成。这比明朝的创立者朱元璋给刘伯温的评价还要高。

朱元璋当初打天下的时候，从不叫刘伯温的名字，而是恭敬地呼为"老先生"。每遇到重大事情或关键时刻，都要关门后找老先生商量。建立明朝后，朱元璋对老先生还是很钦佩，说满朝都是朋党，只有他一个不是，一世是个好人。

在民间，关于刘伯温的传说众多，有说刘伯温是神机军师；有说刘伯温是预言家；有说刘伯温学富五车，精于谋略，擅长兵法……总之，他越来越被神化，到了登峰造极的地步，甚至赛过了诸葛亮。三分天下诸葛亮，一统江山刘伯温；前朝军师诸葛亮，后朝军师刘伯温。至今，各地有许多关于刘伯温的传说，说他云游到某处，看风水、斩龙脉，说他的死是一个神奇的谜等等。

刘伯温的一生的确是传奇的一生。

12岁考中秀才；14岁，他就能读懂同龄人读不懂的书，老师暗中称道：真是奇才，将来一定不是个平常之辈；17岁时，师从处州名士郑复初学程朱理学，接受儒家通经致用的教育。郑复初特别喜欢这个学生，曾经跟刘伯温的父亲说："您的祖先积德深厚，庇荫了后代子孙；这个孩子如此出众，将来一定能光大你家的门楣。"

元朝末年，年轻的才华横溢的刘伯温开始做小官，但生性耿直的他一直不顺，不是得罪上级被穿小鞋，就是触怒豪强被贬斥。其间，他"四隐四仕"，内心十分矛盾，在入仕与出仕之间徘徊。

人到中年，刘伯温在老家青田隐居了两年。朱元璋突然让人带着重金来了，请刘伯温出山。一开始刘伯温拒绝。自视甚高的刘伯温并不看好朱元璋：实力一般的起义军首领、有点愣头青、没文化。但朱元璋这人有大智慧，他认准的事必须办，他要请的人必须请。朱元璋再次让人来请刘伯温出山。刘伯温虽说隐居在家，但他一直在观察社会，从中寻找机会。当刘伯温再次分析朱元璋和他的团队之后，他感到了一种力量。朱元璋不是寻常人。人生在于博。刘伯温有自己的理想，那就是用儒学治国。在腐败的元朝末年，他根本就没有机会实现自己的远大抱负。他想博一下。于是，他来到了南京，辅佐朱元璋。这一年，刘伯温50岁。

在几支起义军里，实力不敌陈友谅、张士诚的朱元璋在军师刘伯温的辅佐下，运筹帷幄，异军突起，最终击败了各个对手，建立了明朝。朱元璋建立明朝后，刘伯温年纪也不小了。洪武三年（1370），朱元璋大封功臣，刘伯温被封为诚意伯。这有些令人意外，按理说刘伯温功劳显赫，却只封了个伯的爵位，这个诚意伯，在明朝开国功臣中排名靠后，据说排在三十多位。相比同

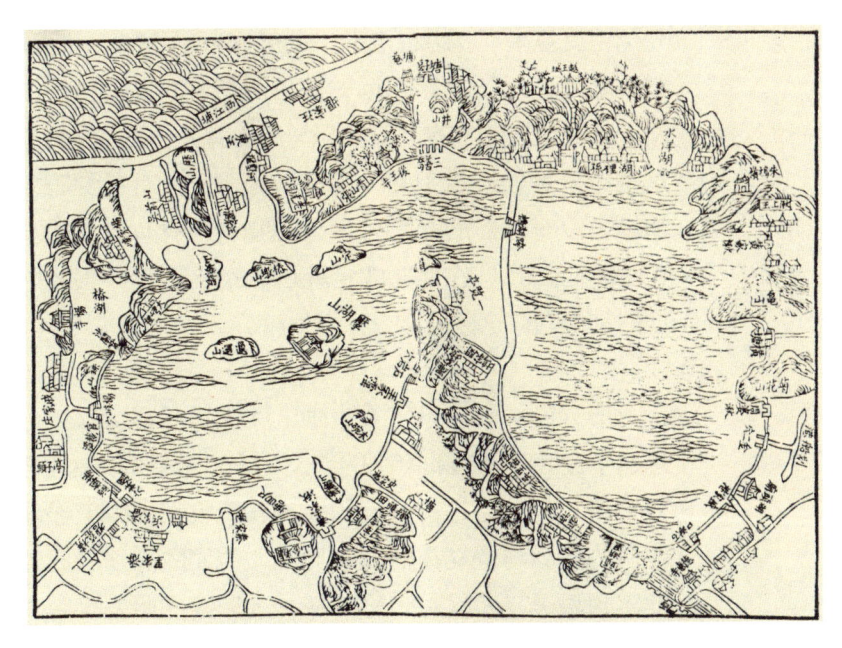

湘湖全图（引自《湘湖考略》）

是军师的诸葛亮，当丞相，那是一人之下万人之上。刘伯温心里也明白，明朝建立了，自己的任务也就完成了。他只是一个过客。他不是朱元璋的老乡，在朱元璋的眼里，从小跟他一起苦出来，靠一场又一场血战出来的人才是他真正的自己人。

1371年，朱元璋赐他还归故乡。功成名就的刘伯温过了几年平静安逸的生活之后，突然被卷入了明朝的派系争斗之中，他被当时的丞相胡惟庸视为眼中钉，不久，因病逝去。自然，关于他的死也有诸多说法，有说是被胡惟庸毒死的，有说是朱元璋让他死的，有说是病死的，更为荒唐的说法是说他是假死。

刘伯温的命运因朱元璋而改变。在没有遇到朱元璋之前，忧国忧民的刘伯温的人生中有一段迷茫或彷徨的岁月，他的愤怒与疾恶如仇，他的痛苦与无尽悲伤都在光阴里反复呈现。想想也是,快50岁的人了,一事无成,被迫隐居,对于志存高远的刘伯温而言,是痛苦的,也是无奈的。这其中的一段光阴与萧山有关,与湘湖有关。这也应该是他人生中的一段美妙光阴,没有各种压力与情绪,没有世俗的冷眼和旁人的嘲讽,只有浓浓的友情包围着他。所以,在他功成名就归隐的那几年平静生活里,他时常会回忆这段光阴。

那一日,他想起了人生中的一次被"羁管"经历,想起了钱塘江南岸的萧山的朋友们,如任原礼、贾性之、戴宗鲁、包与善等,他们的脸庞与微笑在他眼前显现,他们的美酒与诗文在他眼前晃动,他们的问候与拥抱令他感到温暖。尤其是人称"任长者"的任原礼,两人交情深厚,非同一般。刘伯温每次到萧山都住在任原礼家。任原礼祖孙三代都是萧山名士,祖父任荣,父亲任伯大。祖孙三代以崇儒好客著称,他们结交天下文人豪杰,盛情招待各地的朋友,如"一代文宗"宋濂、元末明初剧作家高明、"吴中四杰"之一的高启等人;这些人在处境困难之时,都到过任家寓居。他们谈诗论文,十分欢畅。

当时,42岁的刘伯温被任命为江浙儒学副提举,兼任行省考试官。没多长时间,性格刚直的他就因言获罪,次年被革职并被羁管于当时局势相对稳定的绍兴。"羁管",就是拘禁管束,相当于半个犯人了。此时的刘伯温暂时丧失了在官场的话语权,但在绍兴区域内的人身自由还是有的。那时的萧山也归绍兴管辖。他索性借此机会,在萧绍平原一带走动,寻亲访友,纵情山水。

某一日,他应邀来萧山见老朋友任原礼。原来任家刚刚造了一座别墅。刘伯温就住在这幢别墅里。任原礼知道刘伯温是个大能人,便让他给别墅取名。他想了想,便取名"怡怡山堂"(又名任氏山堂、萧然山堂),取自孔子说的"兄弟怡怡"之语，表示兄弟和睦之意。任原礼大喜道："妙，真妙！"他拉着刘伯温参观别墅，并说他造这幢山堂的目的主要是用于家族谈书游憩。刘伯温对山堂赞不绝口。后来，刘伯温还因此写了一篇《怡怡山堂记》："其为堂也，背负崇冈，左回右环，花木扶疏，修篁来风，临溪小筑，掩卧松云。"文中，他对任氏家族的尊老爱幼、兄弟和睦十分感慨。

刘伯温在此过得很愉快，这儿仿佛就是他的家。他在杭州和绍兴工作的几年时间里，也时不时会过江来，与萧山的众多好友们欢谈畅饮。在这儿，没有官职与身份之限，没有钩心斗角与阴谋诡计，没有利益冲突，有的只是志同道合和纯真友情。某天夜里，月色溶溶，他乘着酒兴，在堂后山崖上手题"邀月"两字。他因此也专门写了一首诗《萧山任氏山堂》，道出山堂之好：

新堂结构倚岩阿，地僻无哗乐事多。
日上黄鹂鸣翠竹，雨余红鲤跃清波。
消除暑气凭松柏，舒卷烟岚任薜萝。
珍重主人能爱客，衰颜聊复为君酡。

译成今天的话大意如下：

新的山堂随着山岩的曲折起伏而构筑，别具创意，此处偏僻而无人喧哗，快乐事反而更多。太阳出来之时，黄鹂在翠竹间鸣叫，雨停之后，红色的鲤鱼在清波中跳跃。可以凭借郁葱的松柏来消除暑气，薜萝（野生植物，善攀援）在雾气中随意地舒展和卷缩。感谢主人能如此好客，就让我这老人再为你喝醉一次吧。

"消除暑气凭松柏，舒卷烟岚任薜萝"，由此可见，

兴入湘湖三百里

HANG ZHOU

邀月

这首诗是刘伯温在夏天所作。刘伯温住在任氏山堂时，心情欢愉，毫无陌生感。且他与任原礼等人相处甚好，如同一家人。他因此走遍了萧山各地，留下了不少诗作，而任原礼总是陪伴着他，安排着出行的各种烦琐杂事。他每次看到任原礼忙前忙后的样子，心里就总是感激万分。像任原礼这样的朋友，为人豪爽，出手阔绰，但从来不求回报。刘伯温既然能写一篇文《怡怡山堂记》和这首诗《萧山任氏山堂》，就足以证明他也是一个重情义之人。

每个晚上，当他安静地坐在任氏山堂的房间里，倾听着自然之音和万物生长之声，他的内心却越来越沉重。他很想为国家效力，但元朝末年的兵荒马乱和民生疾苦都令他感到无比悲伤。他是英雄无用武之地。他不单单是一个读书人，更是一名胸中有大格局大谋略的人。他知道元朝的政权不会长久，因为各地的农民起义此起彼伏……好在任原礼知晓他的性格，有时候，两人对坐，什么话也不说，但彼此却明白各自的心思。

任原礼有时候也把刘伯温在萧山的其他朋友叫来，大家围坐一堂，谈诗论文。刘伯温颇为感慨，曾有"错认还家梦是真"的言语。只要一到萧山，他就有宾至如归之感，这于他而言是无比珍贵的。对刘伯温来说，在没有遇到人生中的最大明主之前，他的生活处于漂泊状态，怀才不遇的心境下，总是郁郁寡欢。幸好有萧山的朋友们给予他真挚友情，让他稍稍好过些。任原礼这个人就像及时雨宋江一样，急公好义，见不得朋友有难，但凡有难，便倾心相助。他也见不得朋友不高兴，为了不让刘伯温感到寂寞，任原礼会组织郊游等活动，在邻近四方游览，湘湖是必去之地。

刘伯温在萧山朋友们的陪同下，登上了湘湖南边的石岩山，眺望远方。依稀可以听见钱江潮奔腾的声响，可以望见杭州城。在刘伯温的眼里，湘湖的这一泓绿水，宛若一块巨大的地毯铺展开来，无边无际。他不禁大声说道："大气之湖。"他们下山后，来到湖前。他感慨万千，心里涌动着一股激情与力量。好客的任原礼又安排了游船，他们一同上船游览湘湖。船上酒、菜、茶一应俱全。船缓缓前行，微风吹来，朋友们的欢声笑语飘荡在湖面上。任原礼不时地给刘伯温介绍湘湖的情况，他不时地点头。

当他们的船到达湖中央时，任原礼突然对船家说道："船家，停一下船。"

大家都安静下来。

任原礼微笑地看着刘伯温说道："刘兄，我每次来湘湖，坐船到湖心之时，都会让船家停一下船。你知道这是为何？"

"心静如水，则无物可惧。"刘伯温回答道。

"刘兄真乃神人也。"众人鼓掌。

船继续前行。刘伯温眼前仿佛出现了一个新世界，水波荡起的涟漪就像天上的云层一样出现又消失。世事如水啊。一眨眼，他已人到中年了，纵然他胸有大志，也只得闷在心里。他屡次分析时势，预感不久之后，一个新世界即将诞生，而他又将处于什么境况？人生必须拼搏，哪怕前路黑暗，他也要提一盏灯照亮人生。

刘伯温毕竟是刘伯温，哪怕身处逆境，他也能承受这种痛苦与压力。此番游湘湖，令他豁然开朗，仿佛打

开了一扇门。他回去之后,再次打开湘湖图,一股力量升腾起来,沉思良久,一首气势磅礴的《题湘湖图》横空出世:

君山洞庭隔江水,彭蠡无风波浪起。
明窗晓晴图画开,兴入湘湖三百里。
湘江两岸山纵横,湘湖碧绕越王城。
越王城荒陵谷在,古树落日长烟平。
游子天寒孤棹远,七十二溪飞雪满。
浩歌不见濯缨人,沙鹤野猿相对晚。
湖东云气通蓬莱,我欲从之归去来。
蛟鼍塞川陆有虎,两臂无翼令心哀。

大意如下:

湖上的岛屿恰如洞庭湖中的君山,湖水像鄱阳湖一样波浪起伏。画图在明亮的窗子和早晨的晴光下打开,我的兴致一下子就投入到湘湖浩瀚的烟波

兴入湘湖三百里

中。两岸的群山纵横交错，碧绿的湖水环绕着高高的越王城山。越王城的背影已经远去，但周遭的山陵峡谷还展现在眼前；苍翠的古木和缥缈的暮烟，掩映在落日的余晖中。他乡的游子驾着一叶扁舟，在寒冷的湖上漂向远方；周围群山，飞泻着雪一般白的溪流。画面上仿佛能听到隐居高人的啸歌，但是却看不到他的人影，只看到落日下栖息在沙滩上的鹤和山林中的猿猴。湖水东面的云气应是直通蓬莱仙山吧，我真想乘着这云气去探访仙山。可是水中有蛟鼍，山野有猛虎，我又没有双翼，难以到达，这令我心下无比哀伤。

此诗作后收录于《诚意伯文集》。在这首诗中，刘伯温内心的激情表露无遗，仕途不顺，外加他疾恶如仇，眼里揉不得一点沙子，决定他在写这首诗时的无畏与无奈。诗以言志。《明史》中这么评价刘伯温的诗文："所为文章，气昌而奇，与宋濂并为一代之宗。""气昌而奇"四个字，正好暗合了他的传奇人生。他在湘湖的这一番感悟于他而言，或许只是生命中的一次偶遇，但却让他的心潮开始涌动。他的才华不会辜负他，也不会辜负未来的这个新世界。

几年之后，朱元璋便上门来了，刘伯温的人生便开始了全新的旅程。

第十五篇　退休高官抗争记

明朝景泰元年（1450），曾应召参与编修《永乐大典》，后历任南京太常寺少卿、吏部左侍郎、南京吏部尚书等职的魏骥告老还乡，回到萧山。此时，他已经77岁了。之前，他曾辞官两次，但两次都被皇帝拒绝了。由此可见，在皇帝的心里，魏骥这个人是有相当分量的。的确如此，魏骥既清廉又刚正，在朝中名声很大。他对下级赠送的特产、珠宝等物一律拒绝。他在吏部工作时，有一进士求考功，同官已许之放缺，但魏骥不予认可。有罪犯王纲，恶逆当杀，官员为其保释；他拒绝请托，依法定刑。人到老年的魏骥格外思念家乡，许多个夜晚梦见家乡的山水与故人。他希望叶落归根。

魏骥回到家乡之后，就成了平民。他平易近人，布衣粗食，不摆官架子，成为乡里人的楷模。他一边读书写字，一边关心家乡的方方面面，尤其是水利。农耕社会，水利直接关系到收成，关系到生存。北宋杨时修筑的湘湖到了明朝，已经发生了很大变化。这种变化是渐进式的，并非一朝一夕形成的。原来阔大的湖面，因为地方富绅掠夺式地占湖造田与建砖窑，越来越小了，有些湖堤年久失修，很危险。他叫了船夫，沿着湘湖划船，一边视察，一边询问船家，忧心忡忡。

回到家,他闷闷不乐,眉头紧锁。夫人问他因何事烦恼,他说有人占湖造田地,有人建砖窑,这都是违反规定的。夫人说:"你都退休了,还管这种闲事干吗?"

"怎么能不管呢?任由他们胡来,这不是损害百姓利益吗?"他怒声道。

夫人知道他是个硬脾气,认准的事十头牛也拉不回来,便叹了口气走开去。

他在书房里写字,心不静,这字也写得不畅,便抛了毛笔,从书架上抽出湘湖的地图,铺展于书桌之上,细细察看。刚回到家乡的那一天,他就去了湘湖,满满当当的乡情像湖水一样将他拥抱起来。他想起曾经写的一首诗,那是他坐船从湘湖去峡山途中的所见所闻:

舟发湘湖抵峡山途中书事
一棹熏风趁晓凉,平湖如练接天长。
苍松掩映杨岐岭,黄竹依稀范蠡塘。
柳下樵夫过弛担,波心渔子去鸣榔。
钟声忽听来林杪,不识招提在上方。

译成今天的话:

在南风中驾一叶小舟,趁着早上的微凉出行;平静的湖水像白色的丝绸与远方的长天相连。杨岐山上松柏苍翠,范蠡塘上黄竹扶疏。打柴的樵夫在柳荫中息下柴担,渔夫在湖中间敲着船帮捕鱼。忽然,钟声从树梢上传来,不知不觉中,小船已经到了杨岐寺下。

峡山就在湘湖西北岸边,与杨岐寺相邻。他是从湘

平湖如练接天长

湖的一角到另一角，足见湘湖之浩瀚。"一棹熏风趁晓凉，平湖如练接天长"描述了湘湖的风光，端的是无比惬意。在他的心里，湘湖就是他内心的一块净地。他在京城当高官，虽说也见过了许多大湖名湖，见过了许多美景，但他心里盛着一个湘湖，就再也容不下别的湖，容不下别的风光了。他像守护绝世珍宝一样守护着心中的湘湖。

哪知道现在的湘湖变成这个样子了？他越看越恼火。他背负双手在书房来回踱步。虽说他以前是朝中高官，但现在毕竟退休了，贸然插手湘湖一事，毕竟不是太妥当，但他不能眼睁睁看着湘湖就这么没落下去，这让湖四周的九乡百姓怎么办？他思来想去，决定还是要管这个事。

他第一站去拜访柴岭山下的湖东吴家。昨日船家已经将吴家的情况告知于他了。吴家势力大，占湖面积也大，而且与官府的关系也好，乡人们是敢怒不敢言。到了吴家大院外，他平静地对吴家仆人说："烦请通报一下你家主人，萧山魏骥求见。"仆人见白发苍苍的魏骥气度不凡，不像一般乡下老头，便去通报了。

不一会儿，吴员外出来了。他早就听说魏骥的大名。他将魏骥引进室内。主宾落座后，仆人沏了茶。魏骥开门见山："听说吴员外要开砖窑，还要垦湖？"

吴员外愣了一下，便说道："老尚书，你这是何意？"

"我听说吴员外是湘湖一带的大富豪，靠湖吃湖。可是，这湘湖利及周边九乡农田灌溉，一个湖牵动千家万户啊。如果大家都像吴员外你这样开垦，占湖、填湖，这湘湖还算是一个湖吗？这周边的十多万亩农田怎么办？"

吴员外眼珠子一转，说道："老尚书，这垦湖一事，也不仅仅是吴某一人啊。"

"我知道，我会一个一个地劝告。你是头一个。吴员外，希望你顾全大局，带个头。"

吴员外突然捂住胸口道："哎哟，哎哟，我的心痛病发作了，失陪了，失陪了。"他让仆人搀扶着，走了。

魏骥叹了口气，知道这吴员外心有不甘，绝不会这么轻易放弃既得利益的。他起身，慢悠悠地逛出了吴家大院。站在湖边，他四处观察一番后，心里有了主意。

第二天，吴员外家门外聚集了一些乡民，他们就地坐着都不说话。吴员外赔着笑脸，说道："你们有什么事吗？"没人应他。吴员外问了很多遍，依旧没人应他。吴员外着急了，他心里明白，这些都是附近的乡民，他们来绝对是有目的的。正在他着急的时候，乡民们突然站了起来，齐齐地看着湖面。湖面上有一条小船慢慢划过来，船头站着一位老者。吴员外定睛一看，正是魏骥。他心里顿时明白了。

船划到了湖边，魏骥下了船。乡民们便围了上去，七嘴八舌，十分热闹。魏骥不停地点头。吴员外挤了过去，大声说道："老尚书，你可来了，你看他们……"魏骥深深地看了他一眼，又看了看吴家大院，然后背着手顾自走了。吴员外明白了，这是老尚书给他的最后机会了，于是便大叫道："老尚书，我听你的。"

吴员外表了态，事情就好办了。接下来，魏骥又走访了几户占湖的富豪。他们早就耳闻吴员外的事了，况且，他们也知道魏骥虽说退休了，可他的影响力不是一般的大啊。他们心底里还是敬佩他的，毕竟他这人是出了名的既清廉又刚直。他们都答应魏骥的要求了。魏骥并没有因此而沾沾自喜，他又花了月余时间，足迹遍及湘湖周边八十余里，对湘湖的堤、穴、闸等各处做了调研。他的调研相当细致，每一处都亲自察看，亲自做记录。有时候，家人看到白发苍苍的他弯腰、下堤、涉水，都很为他担心。他却直起身子，拍拍手，捶捶腰，然后说："接着走。"

在魏骥的心里，眼前的湘湖与他心里的湘湖合二为一了。如果说他心里的湘湖是他的牵挂，那么眼前的湘湖就像是他心爱的女儿一样。

有一年冬天，雪花飘飘。他坐船游湘湖，写下了《十一月十八日过乐丘书事》三首：

一叶扁舟雪满头，清溪曲曲水悠悠。

喜当爱日如春暖,吟倚篷窗自倡酬。

吟倚篷窗自倡酬,波心应许狎轻鸥。
梅花开未还须问,望入前山是乐丘。

望入前山是乐丘,肩舆登陆任夷犹。
湖光山色浑如画,何必登瀛步十洲。

译成今天的话:

老人家我乘着小舟出行,清澈的溪水曲折悠长。很高兴遇上好天气,冬日太阳暖如春天;倚着船篷悠闲地自我唱和。

倚着船篷悠闲地自我唱和,我无机心,所以在湖上可以和鸥鸟相亲。还得问一问梅花开了没有?因为看过去前面的山就是乐丘了。

看过去前面的山就是乐丘,坐轿子上岸就不犹

一叶扁舟雪满头

豫了。这里的山光水色就如一幅画，又何必再去寻什么神山仙境？

这三首诗一气呵成，特别有意境。

"一叶扁舟雪满头，清溪曲曲水悠悠。"魏骥的白发似雪，但魏骥心里并没有老年人的那种伤感，有的只是轻快与愉悦。只有真正经历过大风大浪的人才有一颗宁静之心。想当年，宦官王振依仗宠幸，凌辱公卿，唯独尊重魏骥，称他为"先生"。正统十四年（1449），"土木堡之变"时，国家处于危难之际，他顶着风险，为对瓦剌用兵献计献策，屡被朝廷采纳。

这家乡的水啊，令他感到生命和力量的无穷无尽。他在那时便在心里许下一个愿望，以后自己百年了，就安葬在湘湖边上，静静地看着湘湖。诗中的"乐丘"指的是湘湖边一座叫乐丘的山。多年以后，魏骥归葬于此。

魏骥白天调研，晚上将所思所想记录下来，后来形成了《水利事迹》《水利切要》两部水利专著。虽然他年事已高，精力不如从前，但他一刻也不敢懈怠，比年轻人还敬业。

新任萧山县令朱玉上岗后，前来拜访魏骥，见他吃穿都简朴，为人低调，不禁赞道："魏大人真是为人师表。"两人就湘湖一事畅谈。朱玉听到魏骥对湘湖如数家珍，佩服得五体投地。

不久，县令朱玉按照魏骥修筑湘湖的提议，开始了系列工程：清占湖地；组织民力，全面疏浚，恢复原有湖面；对坍塌荒废的堤塘挑土加高；在紧要处砌石护岸；堤脚增筑"卧羊坡"抵御风浪；修复或新建堤闸涵洞，以便适时灌溉；堤塘上种柳树，既能保土固堤，又美化环境……工地上，不时可看到魏骥的身影，他像个监理一样，东看看，西摸摸。

湘湖的全面修筑完成后，魏骥将目光投向了更远的地方，他带着县令朱玉，走访了萧山全县的江河水利，对危险之处立即修筑，博得了百姓的称赞。

然而，因为利益，这事还没完。

景泰四年（1453），有张伏义等人开垦湖地为私田，被人举报。县里按亩罚谷计1600石。此事盘根错节，县衙只得按官田租额处置，造成了开垦湖地合法化的现象。魏骥心里明白，这件事还没有结束。

三年后，钱塘江洪水泛滥，西小江决堤，大片农田被淹。80多岁的魏骥不顾年迈之躯，"躬负畚锸，亲课楗石"，与众人一起担石抢修，终使堤坝转危为安。于是，他又上了工地：增高、筑厚西江塘、北海塘、白露塘等堤坝，修筑、加固、疏浚徐家闸、螺山闸、石岩闸、股堰、大堰、毕公堰、麻溪、瓜沥湖等12处水利设施……没有对这片土地的一腔深情，怎么能如此拼命？此时的魏骥虽已老态龙钟，但他的心依旧澎湃。

一任又一任萧山县令来了又走了。

魏骥始终初心不改，他的身影总是出现在湘湖边。历任县令对清占湖地都没有做到彻底处理，随着时光流逝，占湖为田之风再度刮起。当年被魏骥说服退田还湖的湖东吴家和湖西孙家，跟着这股风，侵占数千亩之多。湘湖各地已有上万亩湖面被围垦成田，湖面锐减，严重损害了湖周边各乡的农田灌溉。魏骥忧心如焚，他伫立

第十五篇 退休高官抗争记

雪中鸥鸟

在湖边，一动不动，如一棵老树。

魏骥真的老了，他98岁了。他遥望四周，跟他同一辈的人走得差不多了。但是，他的使命还没有完成。他必须坚持下去。他拄着拐杖到了县衙，与时任县令窦昱共同整理历代治湖令，定下了对私占湖田的惩处条例，公告于众。他知道，占湖已成顽疾，光靠县里的命令还不行，于是，他拄着拐杖到那些占湖田户的家里去做思想工作。看着他那苍老的样子，看着他那真诚的目光，那些占湖田的人家心有触动，有的人家开始主动退湖田。

魏骥一直在路上。尽管这条路的尽头已隐约显现，他知道自己的生命终将结束。家人们都劝他不要再这样了，这么大的年纪，天天跑出来跟人家低三下四地请求，他们受不了。魏骥并没有觉得他这么做是丢脸，只要湘湖的湖面能恢复，他就是死了也愿意。

经过他的再三劝说，很多占湖田的人家退了，由他经手清占了 7330 亩湖田。余下的未清之田，他知道自己是办不完这件事了，因为身体已经预警了，他就要离开这个人世了。他写信告诉自己的学生监察御史何舜宾，让他在告老回乡后，完成清湖大业。同时，他立下了一份遗嘱，要求死后丧事从简，不要惊动衙门和乡亲们，不要大兴土木建造坟墓，也不要收受亲戚旧友的奠赠。

魏骥的功德传到了京城。明宪宗得知魏骥筑堤清湖，有功于乡里，特派使者到萧山慰问，赐以羊酒米食，并命地方官每月供米三石，赡养终身。然而，魏骥于是年十月无疾而终。那一日，98 岁的魏骥如同油灯燃尽。他静静地躺在床上，耳畔似乎听到湘湖之水缓缓地荡漾开去，像温柔的手抚摸着他的脸。在亲人们的陪伴下，他面带微笑地合上了双眼。

萧山百姓们永远记得魏骥的功德。1500 多名乡绅和乡亲联名呈请朝廷允许对魏骥立祠以祀，朝中也有诸多大臣纷纷向皇帝陈述魏骥的种种德行，建议将他列牌位于德惠祠，与杨时并享祭祀。皇帝应允了。

魏骥是明朝开国到灭国近三百年的时间里，最为长寿的一位高官了。后人评论他，说他是明朝资历最老的尚书，历经九朝而不衰，称"九朝老臣"。岁月沧桑，人生苦短，魏骥像一道永恒的风景留在了湘湖，留在了这片他深爱的土地上。

第十六篇　一句永流传

1689 年，清圣祖康熙二十八年。

自上年秋天始，直隶一带的旱灾尚未解除，饥荒蔓延。已下令赈济灾民的康熙皇帝忧心忡忡，破天荒地取消了年夜饭。清朝入关后，直到末代皇帝溥仪逊位，近三百年间，每年除夕都会举办丰盛的年夜饭，只有这一年，年夜饭突然消失了。

这一年的冬天，天寒地冻。

隐居龙山多年的张岱垂垂老矣，躺在床上的他微微支起身。身边的仆人将一个软枕垫在他苍老且虚弱的脖子下。他微微睁开双眼。窗开着，树枝上的白雪晶莹如盐一样。耳畔传来孩童的嬉笑声，他们在雪地里尽情玩耍与奔跑。

白云苍狗。

他的家族已经四散飘零，亲人们都先他离开了这个世界。他仿佛听到了上苍的召唤，一声接一声地飘进窗来，在他耳旁萦绕。"我来了。"他在心里喃喃地说道。他的嘴角边浮上一层笑,之后,睁开的双眼慢慢失去了光泽。

93岁的张岱终于离开了这个热热闹闹的世界。

张岱喜欢热闹。在街市的人群中总能发现他活跃的身影,长相俊俏,衣着锦绣,油头粉面。他曾经对自己有一个独特精到的评价,就是自撰的墓志铭:

> 少为纨绔子弟,极爱繁华,好精舍,好美婢,好娈童,好鲜衣,好美食,好骏马,好华灯,好烟火,好梨园,好鼓吹,好古董,好花鸟,兼以茶淫橘虐,书蠹诗魔。劳碌半生,皆成梦幻。(《陶庵梦忆》)

换成今天的话说:

> 年少的时候是纨绔子弟,十分爱繁华的场所,爱美丽的婢女和美少年,爱穿鲜艳华丽的衣裳,经常吃美食,骑骏马,家里装饰华丽的灯饰,爱观看烟火,喜欢唱戏,喜欢声乐,好收藏古董,喜欢莳花养鸟,并且沉溺于喝茶下象棋,对作诗读书着魔。忙忙碌碌半辈子了,全部都成了泡影成了梦幻。

什么都喜欢,什么都爱好,哪儿热闹往哪赶。这是年轻的张岱的生活,就是活在当下,游戏人间。据说他还自己做灯,灯十年不坏;他养戏班子,自己编戏让他们演;呼朋唤友,讲究吃的用的玩的,都要上品。幸好家境富裕,足以支撑他的吃喝玩乐与挥霍。纨绔子弟张岱看上去玩世不恭,没个正经,但却是明朝晚期的一个正常男人。

那时,帝国开始摇晃。

明朝中叶以后，宦官擅权，奸臣当道，特务横行，党争残酷，内忧外患，愈演愈烈。社会呈现腐败、没落、颓废之势。文人士子在对社会黑暗失望之余，纷纷追求个性解放，纵情于声色山水。

张岱其实是清醒之人，他不故作清高，也不摆出一副不食人间烟火的样子，而是极为接地气。看似俗，实则雅。人到中年，方有所醒悟，觉得之前的那种生活像是一个梦。

才华横溢的张岱，游来荡去，像一匹脱缰之马，更像一个幽灵一样在各地出现，凑热闹，赏美景，吃美食，品好茶，观世态。他关注民生，关心社会，一双智慧之眼透过热闹与喧嚣，记录所见所闻。他像一个超级玩家，更像一个长不大的顽童。

他一生给自己取了许多名号：陶庵、陶庵老人、蝶庵、古剑老人、古剑陶庵、古剑陶庵老人、古剑蝶庵老人、六休居士等。他尤喜"陶庵"，这或许与他的母亲姓陶有关，是陶渊明的后人。张岱知道这段历史，且他从小就生活在外祖父陶大顺家，一直到青春期。

人到中年的张岱，遭遇了朝代的更迭：明亡了。

这是张岱人生的分界线。之前，他是时代宠儿，是朋友们眼里的高级玩家，是众人眼里的纨绔子弟，颇有一些不学无术的样子；之后，他从富丽堂皇的日常生活宫殿里跌落下来，成为了躲避战乱的难民。

他曾经想过殉国，但他还有一个重要使命，那就是他写的明史《石匮书》还没有完成。他的祖辈皆为明朝高官，这种血统依旧影响着他。他无比了解这个已经消亡的朝代，内心深处十分怀念那些昔日光阴。他要弄清一个问题：明朝为什么会亡国？

他想起了自己出生后一直到少年时代的痰疾，纠缠到他16岁才彻底消失。这归功于他的外祖父陶大顺，不遗余力四处收集了数筐牛黄丸让他吃，方才根治此疾。而此时，家国的痰疾又上来了，像一张网笼罩着他。国破家亡，无所归止。他只得披发入山，形若野人。之前所拥有的繁华一夜之间消失了，好像梦境。那些古董，那些华灯，那些美婢，统统失去了。

他在《自为墓志铭》中这样写道：

年至五十，国破家亡，避迹山居。所存者，破床碎几，折鼎病琴，与残书数帙，缺砚一方而已。布衣疏食，常到断炊。回首二十年前，真如隔世。

译成今天的话则是：

五十岁的时候，国破家亡，隐居在山里躲避战乱，所剩下的只有烂床、破茶几、坏的铜鼎、弹不了的琴和几本残旧不堪的书、一方缺角的砚而已。穿麻布衣服，吃素食，还经常断炊。想想二十年前，简直就是两个世界啊。

如果张岱内心不够强大，没有写《石匮书》的使命感在身，还真受不了这种生活的巨大反差。毕竟，他之前过的是锦衣玉食的生活。一个富家子弟，陡然一穷二白，这是要逼死人的节奏啊。但是张岱到底还是咬牙撑住了。

他隐居山中，潜心著书。他像是变了一个人似的。前半生学什么都不成，学书不成，学剑不成，学节义不成，学时文不成，学仙学佛学种地都是半吊子。有人称他是败家子、蠢秀才、废物……而到了此时，他安静下来了。一个看尽人间热闹，享尽人间繁华，曾经碌碌无为的纨绔子弟终于变成了一个思考人生与社会的一流学者。

热闹已然散场。

此时的张岱开始关心身边的这个真实世界。他像个虔诚的行者，足迹踏遍江浙，用一双慧眼观察万花筒般的社会，用一双脚丈量村与城的方圆，用一支笔记录各地的风土人情。

一年又一年，他一直在路上。

只是，酒不再是好酒了，茶也不再是好茶了，进戏楼也不坐贵宾席了。繁华落尽。他品尝与感受的都是生活最真实最残酷最原生态的东西。贫穷与拮据生活，痛哭与生离死别，悲伤与岁月流逝。社会万相，世态炎凉，一切都赤裸裸地呈现在他的眼前。他用极其生动的文字记录了这些事物，成就了一代大家，被后世称作"小品圣手"。

到了老年，他常常躺在床上做梦，人间的疾苦触目惊心，或许梦里的生活是一种安慰，是一种希望，随后便有了《陶庵梦忆》一书。

张岱在《陶庵梦忆》中有《湘湖》一文，文中的这个定评宛若一声惊雷，将当时相对落寞的湘湖推向了前台。

湖，有各自的性格，有各自的样貌，也有各自的风韵。江南多湖，但有个性之湖则少。见多识广的张岱看过了负有盛名的西湖和鉴湖，当他来到湘湖时，他沉思了。

他像一个农夫看着自己的田地一样看着眼前的湘湖。一边踏看，一边打着腹稿。

> 湘湖皆小阜、小墩、小山，乱插水面，四围山趾，棱棱砺砺，濡足入水，尤为奇峭。余谓西湖如名妓，人人得而媟亵之；鉴湖如闺秀，可钦而不可狎；湘湖如处子，眠娗羞涩，犹及见其未嫁时也。此是定评，确不可易。

累了乏了的张岱在山脚下找到一块石头，坐下后，欢喜地将双脚浸入湖水，感到十分奇峭。他的脚趾一定是碰到了石壁或石缝。放眼望去，湘湖都是小阜、小墩、小山，乱插水面，不像西湖，只有一个湖心亭突出水面，特别显眼。

他脑中闪过西湖的模样，他太熟悉西湖了。他无数次在西湖高歌与买醉，也曾留下经典诗作。湘湖与西湖仅一江之隔，却带给他截然不同的感受。在这一刻，他的灵魂像是出窍了，像一缕烟在湘湖的上空萦绕。当他冷静下来，定眼看去，湘湖如一幅画卷缓慢地铺展着：山是山，水是水，山俯水，水映山，界限清晰，但又融为一体。

显然，张岱的这个定评并不是信口胡诌的，而是深思熟虑的结果。他的学养，他的洞见，令他一下子抓到了湘湖的灵魂所在。或许，他自己也没有想到这是对湘湖的最好的定评。

某一年冬天，雪下得很大。

张岱来到湘湖。他于湘湖已是常客，年轻时他去西湖浪，回家途中经过湘湖，每一次他都会驻足许久。现在，他更加喜欢湘湖的宁静与自在。在湘湖，他不被打扰，可以率性而为，淋漓尽致地大哭大笑或长时间地沉默不语，一切终将归于湖水般的宁静。

在湘湖，他是一个真实的人。

明朝已亡，但在张岱的心里依旧存留强烈的家国情思，除了创作《石匮书》，他会不时地想起好友祁彪佳把大片田产布施给寺庙，在祖先祠堂里写下诀别信后投水自尽，自杀殉国；他的一个堂弟燕客，这个浪荡轻狂、玩世不恭、豪掷白银买古玩的纨绔子弟选择以身报国，吩咐奴仆在他死后把尸体投入钱塘江；他族弟张弘（字毅孺）为了不使明人诗歌散失，编了一本诗集《明诗存》，寄托他对故国的思念。他知道族弟的一番苦心，就如何选编这本重要的诗集，专门写信告诉族弟一些自己的想法。亡国，于张岱有切身之痛。

纷纷扬扬的雪将湘湖打扮得更加超尘脱俗。

张岱坐上了船，悠悠地向湖心划去。那些小山，仿佛是沉默的故人。每过一座小山，他都会静静凝视一会儿。摇橹的船家是老熟人，早就给他准备了酒菜。

在吱呀吱呀的摇橹声里，张岱喝着酒，看着湘湖的风光，思绪升腾起来。他要什么？这个问题始终盘旋在他的头顶。他来湘湖，就是想弄明白他到底想要什么。只有在真正独处之时，他才可以看清自己。眼前的湘湖俨然就是他的世外桃源，这里一山一水、一草一木都弥漫着独特的气息。他的思绪像风筝一样飘来飘去。

一只飞鸟掠过。

"船家，在小山边停靠一下。"张岱说道。

船家点点头，停止摇橹。

小山披着白雪，特别憨厚。张岱静静凝视一会儿后，倒满一杯酒，嘴里念念有词，稍后一挥手，杯中酒便泼洒在了小山上。

"先生，你这是干什么？难道是嫌我的酒不好吗？"船家不解地问道。

"船家，我在跟另一个我说话。"

"另一个我？"船家瞪大眼。

"对啊，我是我，我又不是我。我在跟另一个我说，跟过去永远告别。"他微笑地说道。他胸中的块垒，在刚才的这一挥洒中荡然无存。山在，湖在，人在。山不语，水不动，人自在。

他又一次想起了毅孺。那一年，他们结伴来到湘湖，也是这样的时节。他们静坐于船上，倾听冬雨敲打船篷之声。两人对坐，久不语。四周静寂，一切都消失了。当四周雨雾重叠，如梦如幻，他们才不约而同地说道：世外桃源。

眼前白茫茫一片。

船儿慢悠悠地滑行着。荡起的涟漪宛如昔日光阴，一圈一圈地渐次消失。他与毅孺曾经讨论过湘湖，观点则不同：

湘湖雪韵

  余弟毅孺常比西湖为美人，湘湖为隐士，鉴湖为神仙。余不谓然。余以湘湖为处子，眠娗羞涩，犹及见其未嫁之时。而鉴湖为名门闺淑，可钦而不可狎。若西湖则为曲中名妓，声色俱丽，然倚门献笑，人人得而媟亵之矣。人人得而媟亵，故人人得而艳羡，人人得而艳羡，故人人得而轻慢。（《西湖梦寻》）

  张岱一生中最重要的三个湖：西湖、鉴湖、湘湖，它们在他的心里分别是三个风姿各异的女性。也只有他敢于如此直白地表达他的内心感受。在他心里，湘湖就像一位处女，腼腆而羞涩，好似见到她未出嫁时的风姿。湘湖如同他的初恋情人。尽管他与毅孺感情极深，但涉及他内心深处的这一方净土时，他却不认同弟弟的定评，而是坚持己见。

  经历过人生风雨，青年时也声色犬马的张岱并没有轻易改变对湘湖的定评。这一点像极了他的性格，有时候他很侠义，很冲动，很固执，认定一事，绝不轻易改变。

这表现在他的诗作和小品文上，也是独树一帜。这一点，族弟毅孺也是极为佩服。他评价张岱的诗作时用了这样的话：

> 即其诗篇，咄咄惊奇，连章累牍，便可高踞汉唐之上。

这是文人刚性的一面。明亡后，一些文人顺势降清，做大官，享荣华富贵。而张岱则选择了隐居，这于他而言隐隐约约是个痛。他心里的这一缕隐痛，也只有他自己知道。在夜深人静之时，黯然神伤。在别人眼里，他就是一个落魄的文人，不修边幅，语出惊人。又有多少人知道张岱曾经的繁华生活，一个能通过茶水辨别水味，说出茶水中茶叶产地的富家子弟，一个几乎把生活玩了个够留下诸多传奇的一流生活家，却像一棵孤独的树一样静寂地长在岩缝中，沾晨露，倾听鸟鸣，沐晚霞，静看鸟儿归巢。

他知道自己无力改变世界，但文字可以传世，他与大千世界的联系就是他的一支笔。他的使命也完成了，《石匮书》最终成稿，书中他详尽地分析了明朝为什么会亡，提出了自己独特的见解。

张岱喜欢来湘湖。

新贵们、高谈阔论者和趾高气扬者都去了西湖，他们喝酒划拳，与美女嬉戏，醉生梦死，城中的热闹就跟张岱之前经历过的所有繁华一样。换了朝代，繁华换了一张脸，但依旧繁华。只是此时的张岱再也不是以前的张岱了。他怀念以前的生活，但并不留恋。山野之风洗涤了他。他知道，来湘湖的是修行的隐士，是落寞的文人，是失意的士人，是抒怀的骚客。

坦坦荡荡的湘湖就在他的眼前。岁月催人老，他看到船家须发尽白。吱呀吱呀的摇橹声里，张岱的眼睛湿润了。

船行至湖中央。

张岱将酒杯放下，走到船头，看着这片好水。他想起了当年遇到的一位姑娘。那是一个雨天，他风尘仆仆来到湘湖，静静伫立。此时，湖中的小船上有一位美丽的姑娘，衣着朴素，不施粉黛。站在船头的她撑着油纸伞，静静地眺望远山，清澈水灵的双眼仿佛看透了一切。烟雨蒙蒙的湘湖美如画，那姑娘更像是画中人。张岱愣住了。他痴痴地看着小船儿渐渐远去，恍惚一个梦似的。

他轻轻地叹了一口气。

圆月当空。带着醉意的张岱下得船来，走上湖边码头，悄悄地走着，仿佛一个孤独的夜行者。一个从繁华里走来的男人，亲手将繁华抛在身后，过上了一种白粥相伴的生活。他不是苦行僧，但他却有一种将自己留给真实光阴的勇气。

他住进了湖边的一家客栈。

夜深人静。

跨湖月圆。

张岱站在窗前，无言地看着湘湖。那些繁华时代的烟花早就散去了，天空变得纯净。此刻，他觉得在这个世界上，只有湘湖能读懂他。

兴入湘湖三百里 **HANG ZHOU**

跨湖夜月

第十七篇　江东二毛绘奇篇

"黄毛未退，亦来应试？"

在童子试现场，主考官陈子龙见一个身材矮小的孩子与一众青年坐下，开始答卷，便开玩笑说道。

"鹄飞有待，此振先声。"孩子不慌不忙地答道。

众人皆惊。

这个孩子就是明末的"萧山神童"毛奇龄。

毛奇龄这个"神童"名不虚传，4岁就识字，其母口授《大学》，即能朗朗成诵。由此可见，他不仅聪慧，且记忆力超强。他的少年时代处于明朝末年，社会动荡，给他烙下了很深的家国情怀。他是萧山人。

长大成人的毛奇龄无疑是个热血青年。

1644年，明亡后，清兵南下。他参加军事组织，誓言反清复明。结果兵败。他化名四处逃亡，在江湖上混了十来年，生活困顿，却一直没有放下手里的书。他爱看书，什么书都看，真正的博览群书。他是那种生性倔强而恃才傲物的人，喜欢高谈阔论，勇敢直率地表达自己的观点。因此常常得罪人，仇家就会罗织罪名，三番五次地诬陷他，他又只得逃亡，足迹遍及河南、湖北、江西等地。

他的整个青年时代就像一个流浪时代，这种流浪生活一方面令他的生存状况不容乐观，经历了艰难困苦，另一方面也让他开阔了视野，结交了一些朋友。但无论他身处何方，生活如何艰难，他心里始终牵挂一个人：他的弟弟毛万龄。

在毛奇龄19岁的时候，弟弟出生了，取名毛万龄。他很喜欢这个弟弟。由于两人年龄相差悬殊，毛奇龄就像是毛万龄的半个父亲。当他是个热血青年，四处奔波之时，弟弟才牙牙学语。偶尔，当他乔装打扮偷偷溜回家，便会教弟弟诗文。但这样的幸福日子很少。他每到一个异乡，夜深人静之时便会思念可爱的弟弟。

流浪的生活终于结束了。

在社会上经历了生死与沉浮之后的毛奇龄渐渐冷静下来了。他又回到了正常生活，博览群书的习惯依旧保持着。他与弟弟毛万龄一同读书写诗作文。弟弟特别喜欢画画，且有天赋。毛奇龄也很支持，请画家给弟弟指导。毛万龄也很有出息，他画的山水画，画风颇似董其昌，后来曾画出了《看竹图》，一时间声名鹊起。

毛奇龄56岁那年，考中博学鸿儒科，被授翰林院检讨、《明史》纂修官等职。主要搞学术研究和史志纂修工作。其间，他完成《古今通韵》1卷，送呈康熙皇帝，得到赞赏，诏付史馆。

人的志向各有不同。有人爱当官，有人爱搞学术研究。毛奇龄是相当喜欢这份工作的，这与他看透世态炎凉和个人严谨的治学态度有关。他这人特别较真，按今天的说法，稍稍有点迂。但这对于一头钻进去做学问的人来说，则是一大优势，做学问，需要有这种精神和毅力。但凡遇有异说，他必"搜讨源头""字字质正"，好持自己独特见解。意思是说毛奇龄对自己不知道的事和新的学说，他必然会咬定青山不放松，直至把每个字的意思弄懂弄明白才罢休，然后结合心得，创造属于自己的独特观点。

学术上的事，各有各的渊源，非得弄个水落石出，不但需要花费巨大的精力，更需要有博览群书做基础。毛奇龄对经书特别着迷，可谓废寝忘食地研究。而且，他不盲从，始终保持质疑精神。当时，社会上的文人推崇朱熹的学说，他偏不服，针对朱熹的《四书集注》，专门写了一本《四书改错》，全力抨击。像这样的事，也只有毛奇龄敢干和肯干，一些人认为他不识时务，但他却保持了个人的锐利。

他不喜欢苏轼的诗，因为当时的学人写诗几乎都是以学宋诗为荣，而毛奇龄偏偏出奇，他喜欢唐诗，他的诗歌创作以学唐诗为方向。有一天，他与朋友们聊天。一朋友知道他不喜欢苏轼的诗，故意说道："竹外桃花三两枝，春江水暖鸭先知。此诗也不好吗？"毛奇龄生气地说道："鹅也先知，怎只说鸭？"

弟弟毛万龄则钟情于诗文和绘画，他后来担任仁和县儒学教谕。官职低微，职务清闲。他倒也不在乎，将精力主要投注于绘画。兄弟俩不时通信，交流思想，也交流诗作和经文研究。毛万龄是无比佩服兄长的，在他看来，兄长的学问深不可测，涉猎极广：文学、经学、音乐、史志等，样样精通。兄弟俩的才华深得众人欣赏，别人称他们兄弟俩"江东二毛"。

兄弟相会之时，他们会去离家不远的湘湖欣赏山水风光。毛奇龄对湘湖更是情有独钟。湘湖于周边百姓而言，是幸福源泉之湖，湖水灌溉九乡良田。他心里一直有一个愿望，想从实用的角度写一本《湘湖水利志》，使得人们更加了解湘湖的应用功能。弟弟毛万龄则把湘湖当成了山水画创作的最好之地。毛家兄弟俩有时候去湘湖，一个吟诗，一个作画，各有所爱。毛万龄的文学水平也不低，且对湘湖感情很深，这从他的诗作《湘湖》可以看出：

遍历吾乡胜，湘湖景更幽。
水遥青霭合，波静白云浮。
欲雨山如画，临风树近秋。
开樽一叶上，飘渺在丹楼。

译成今天的话则是：

水遥青霭合

游遍了我家乡的所有名胜佳景，觉得还是湘湖的景色更清幽怡人。湖水渺远，青霭在远方慢慢地聚集；水波平静，白云在上面轻轻地飘浮。天要下雨的时候，山峦秀美得像画一样，风吹树木的样子，让人感觉已经接近了秋天。面对如此佳景，在轻如一叶的小船上举杯饮酒，又在高远空旷的红楼上倚栏游玩，是多么的惬意啊。

可惜的是，1685 年，43 岁的毛万龄因病去世。此时的毛奇龄正在京城任会试同考官。他得知弟弟病死的消息后，如同晴天霹雳，泪流不止。此时的毛奇龄已经 62 岁了。

自此以后，他变得神情黯然，眼前时不时晃过弟弟的身影，他们在湘湖边的快乐时光。他轻轻地吟诵着弟弟写的诗《游湘湖》："澄湖云黯杂莼苔，十里波光一小桥。两岸低山遮不住，越王台直上青霄。"昔日，他与弟弟在小桥上欢声笑语，眺望诸山和越王台，其乐融融。他不禁老泪纵横。

两年后，毛奇龄突感身体不适，双膝肿胀，关节僵硬。他有一种感觉，这是弟弟在召唤他回家。于是，他就辞官回家了。到达家乡后，他伫立在弟弟的坟前，久久无语。他知道弟弟喜欢湘湖的山水，这每一座山，这每一捧水，都蕴含着弟弟的深情。他在一棵柳树下静静地站着，仿佛看到弟弟坐在船上，举手投足，像极了年轻时的自己。

直到船儿到了身边，船家说道："毛先生，你要坐船吗？"

他才醒悟过来，擦了一下泪水道："请问船家，你怎么会认得我？"

"毛先生，我认得你弟弟毛万龄，他曾说，不知我兄长几时回来？我想与他同游湘湖，痛饮一番。"船家说道。

毛奇龄泪如雨下。

船家叹息一声道："我听说他去世了。唉，人生如梦啊。"他摇着船走了。

他在湘湖里慢慢地走着，每一棵树，每一条小路，弟弟都抚摸过，都走过。每次当弟弟坐在柳树下时，心里便在酝酿画作。他多次看到弟弟绘画，笔致清秀中和，恬静疏旷，画作古朴典雅。他一直走着，好像要把所有的光阴从脚步声里寻找出来。

时光飞逝也各有理。

被尊称为"西河先生"的毛奇龄70岁了，此时的他须发尽白，但精神抖擞。有时候，安静下来的他望着书房内成堆的书，一些是自己的著作，那是光阴赐给他的最好礼物。他突然走到书桌前，写下了墓志铭，文中写到自己死后：不冠，不履，不易衣服，不接受吊客。他参悟了生死，也参悟了人生。在别人眼里，个性怪异的他却达到了人生的最高境界。

晚年的毛奇龄的学术研究和创作达到了一个新高峰。辞官之后，他一直致力于地方史志和《湘湖水利志》的写作，他几乎每隔一天就要去一趟湘湖，用他独特的视角审视湘湖。他痛恨那些占湖之人，曾与他们论战。他也研究《西厢记》，并专门作了评点，形成了独特的毛氏观点。他精力旺盛。他并没有因年老而丧失斗志，毕竟，他是赫赫有名的毛奇龄。他为湘湖写下了许多诗作，其中《湘湖采莼歌二首》用鲜活的语言向人们描述了一个富有特色的湘湖：

其一
压乌山前春欲暮，阿子前湖采莼去。
藕根菱叶生满湖，艇子湾湾不知处。

其二
画竿十尺挑碧丝，香莼宛转生华滋。
山前山后人难遇，采得盈筐欲寄谁。

译成今天的话：

其一：压乌山前的春光快要消失了，年轻的姑娘们到前面的湖泊中采莼菜去。湖中长满了藕和菱叶，小船在一个又一个湖湾中，不知驶往何处。

其二：用十尺长的画竿来挑摘碧绿的莼菜嫩丝，那香香的莼丝弯弯曲曲，蜿蜒着，生出了繁茂的菜叶。小船划遍山前山后，都未遇到采莼姑娘的心上人。

藕根菱叶生满湖

压乌山

问姑娘，你们采来满筐的莼菜准备寄送给谁呢？

很多人一旦辞官归故里之后，人生就基本上画了句号，但毛奇龄不同。晚年的毛奇龄突然暴得大名，令人目瞪口呆。这与一个人有关，此人就是康熙。康熙皇帝三次南巡都接见了毛奇龄，并且钦赐"御书"。这是何等的荣耀！这也让毛奇龄名誉满天下。

自然，作为学者和文人，毛奇龄有自己的思想。这一点，跟当时的很多文人有着质的区别。他在年轻的时候曾经说过：元明以来无学人，学人之绝于斯三百年矣。这话分量太重，打击了一大片当时的文人，以至于他树敌太多。到了晚年的毛奇龄，变得平和，成了德高望重的大儒。他的学生遍布各地。

《湘湖水利志》3卷完成了。

《萧山县志刊误》3卷完成了。

《西河诗话》和《西河词话》完成了。

《竟山乐录》4卷完成了。

《乐本解说》2卷完成了。

……

一年又一年。

这一天终于来到了，毛奇龄卧病在床有一段时间了。他的目光始终盯着墙上弟弟的画作，那是他离世之前最美好的回忆。他仿佛听到了弟弟的声音，在屋子里回荡。

1716年，94岁的"西河先生"在家中平静地离开了这个世界。他的遗著由学生编纂为《西河全集》，共493卷，有40余部著作被收录于《四库全书》。

第十八篇　康乾二帝南巡恋湘湖

中国古代封建王朝的最后一个盛世是康乾盛世，又称康雍乾盛世。康熙、雍正、乾隆三任清朝皇帝完成了一次十分完美的接力，共134年。后世对历史上的康乾盛世有着不同的解读，各有侧重，也各有理由。但盛极而衰。既然康雍乾盛世已然诞生，那么接下去便是无可挽回的衰败了。

康熙皇帝和乾隆皇帝都喜欢南巡，好像还是头等大事之一，但侧重点各有不同。康熙皇帝南巡，威严庄重，花费相对节约，主要任务还是巡查水利，另外便是祭祀孔子和大禹等，还是带着调研和解决问题的本意和目的。到了乾隆皇帝南巡，主要是游山玩水，享受生活了。康熙皇帝六次南巡，两次到萧山；乾隆皇帝六巡江南，一次到萧山，且留下了诗作。当时的古湘湖基本与萧山县城接壤，到了萧山，就到了湘湖。

在封建社会，一个地方能吸引皇帝来视察来调研，总是一件天大的好事。萧山湘湖以其独特的山水风光闻名，且野性十足，能撩起众多文人墨客的血性，与西湖之妩媚有着质的区别。又因为湘湖地域恰好处于浙东运河边缘，但凡帝王去绍兴，必然要走浙东运河，西兴码头又是人来客往之地，为过江必经之路，所以总会留下许多重要人物的足迹。

1689年，康熙皇帝首次南巡到杭。

二月十四日黎明，太阳东升，风依旧带着寒意。他是去祭祀大禹陵的。历朝历代皇帝都不会忘了大禹这个伟人，祭祀也是必须的，在隆重祭祀的同时，宣扬自己的功绩。众大臣跟随，声势浩大。按既定的皇家仪式程序完成后，第二天他们就准备回京城，然后在萧山西兴逗留许久，也有说当晚在西兴住下。那时的长途交通主要靠水，顺水而下，钱塘江与浙东运河之间的转换，离不开西兴的码头。首次南巡到杭，康熙皇帝更像一个过客，匆匆来，匆匆去。

十年之后，人到中年的康熙皇帝再次南巡到杭。

三月，春暖花开，江南风光展现出一年中最美丽的一面。康熙皇帝一路行来，到达萧山。与十年前相比，他此时的心情比较愉快，主要是当下国事安稳，百姓生活安康。他在碧波荡漾的湘湖旁逗留，他感慨于湘湖山水之秀美，这样的美景在北方总是难以见到，更何况四周一片翠绿，湖水也含情脉脉，那水中的涟漪微微荡开去，细腻如掌纹。

他顺便也问地方官湘湖水利情况。地方官据实汇报。他一边听，一边点头。眼前的湘湖之水，生机勃勃，如同他治下的大清。他还接见了萧山当地的诸多文化人。毛奇龄便是其中一个。毛奇龄进呈音乐著作《乐本解说》。康熙皇帝粗粗翻阅之后，十分赞赏。遥想那一刻，萧山本地的文化人很激动，他们议论纷纷，一辈子能见皇帝一面，那是天赐的幸运。康熙皇帝在湘湖边静静地凝视了一阵，恋恋不舍。第三次南巡时，康熙皇帝依旧记得毛奇龄这个人，赐了一幅御书给他。据说，随驾的皇太子亦赐书屏联各一。

相比康熙皇帝，孙子乾隆皇帝更为洒脱，也更懂得享受生活。他的爷爷玄烨属于苦命的打江山除敌人的，8岁登基，14岁亲政，在位61年，后世称之为"千古一帝"。这条帝王之路，他是一路艰辛走过来的，他的帝王生涯充满了各种斗争与凶险，好几次差点被干掉。诛鳌拜、平定三藩之乱、统一台湾、驱逐沙俄、干掉噶尔丹、平定宫乱等，哪一件都是大事，都关系到国之根本。他的父亲雍正皇帝永远公务繁忙，经常披阅奏章至天亮，难有轻松时刻，一辈子思来想去，算来计去，始终处于高度用脑状态，少有休息之日。虽说乾隆皇帝功绩也居伟，但毕竟是富三代了，康熙、雍正二帝给他固了本，他是在他们创造的大好基础上顺势而为地治国。且思想还保守，后来搞的闭关锁国政策拉大了和西方的差距，失去了技术进步的宝贵机遇。

乾隆的首次南巡，从京师出发，一路往南。到达杭州后，渡钱塘江转入浙东运河，再去绍兴。当他渡过钱塘江，到达萧山西兴时，正逢春日，湘湖泱泱，山花烂漫，街市热闹，不禁诗兴大发，接连写了三首诗：

入浙江境
轻舟晓日别吴门，川路溪烟漾晏温。
柳叶青笼鸡犬社，菜花黄入苎萝村。
分疆顿觉民风异，转壑都关吾意存。
恩沛宁无需再沛，畴咨大吏悉心论。

这首诗写从苏州出发向嘉兴沿河路上的见闻和感想：

第十八篇　康乾二帝南巡恋湘湖

温晏漾烟溪路川

沐浴着朝阳的轻舟，离开了苏州，水路上天气晴暖，河上雾气蒸腾。青青的柳树丛下人们正在祭祀土地神。前一年江南遭灾，但由于苏州赈灾减免，所以沿岸的百姓生活一派安详和乐。继续向南，渐渐多起来的金黄的油菜花与村落相错杂，看来已到了西施的故乡。同样是灾，但浙江报了轻灾，而嘉兴居然没报。乾隆经过江苏与浙江的分界，顿时感到民风不一样，于是大发感慨：百姓辗转流离都与我息息相关，虽说皇恩浩荡，难道就不要更多地恩泽百姓吗？所以要听取地方大员的报告，一起来讨论这件事。

萧山道中
溪窄绿塍阔，水肥乌榜轻。
开篷画芃蒨，挂席剪澄明。
南国春方丽，越天云复晴。
山阴指明日，已是镜中行。

意译如下：

溪水细流，绿色的田塍就显得阔了，水面浩荡，乌篷船摇起来更轻了。打开船篷，船外草木青翠如画一般，升起的白帆在晴朗的天色中破空而行。正是江南春暖花开时，这里云开天晴。算来山阴明日就能到，此刻的船已像是在镜面上航行。

自绍兴一日渡江至圣因寺行宫
朝辞余暨复钱塘，片刻长江稳渡航。
未免情殷恋西子，不殊风便送滕王。
快晴乍觉烘山翠，弦月遥疑钓水光。
十亩行宫游不足，憩间命笔玉兰堂。

意译如下：

早上离开萧山下午就进入了钱塘江，一会儿钱塘江就稳稳地渡过了。实在是对西湖情有独钟，与王勃借顺风到滕王阁参与盛会一样，顺风顺水地到了西湖边。爽朗的晴天，太阳照耀着青翠的群山，弯弯的月像鱼钩在湖上垂钓。圣因寺行宫游得不够尽兴，且趁小憩时，在玉兰堂中写下几笔吧。

坐船渡江这会儿工夫，灵感如泉涌。这个创作的速度不代表他才高八斗，只说明他感情澎湃，心情愉悦。或是钱塘江的壮阔震撼了他，或是他看到眼前的美丽风光，心情大好。话说到了江南，能看到钱塘江这样江面宽阔、大堤雄伟的样子，气势磅礴啊，远非人们固有印象中的江南就是小桥流水人家，他胸中便开始了酝酿。船一停靠西兴码头，他便亲笔题写《渡钱塘江》诗一首：

斛土千钱诡就塘，风恬日暖彩舟方。
一江吴越分疆界，三月烟花正艳阳。
航苇谁曾见神异，射潮未免话荒唐。
涨沙南徙民居奠，永赖神庥敬倍常。

大意如下：

以斛土千钱的代价责成地方筑成了江塘，日暖风轻，我坐在两艘彩船并联的方舟上渡江。一条钱塘江是吴越的分界线，阳光下的三月，春花烂漫，如烟如雾。一苇渡江的神异故事谁曾见过？钱王射潮的传说也未免太过荒唐。钱塘南岸涨沙形成陆地后百姓定居，这是赖神灵护佑，要加倍认真对待。

皇帝读书不少，知晓众多历史钩沉，知道钱塘江是昔日吴越两国的分界线，也知晓钱王射潮的历史传说，但知识渊博并不代表他的诗写得好。他的诗虽说质量一般，但规格高，身边的众大臣都会满口称赞说：妙，好，棒，牛，绝……据说乾隆一生写了39340首诗，《全唐诗》里所有的诗人加起来，也没有他一人写得多。他每天要写好几首，有时候一天能写几十首，出了名的"快枪手"。诗乃心中之言，不吐不快，但也不是随便就能吐。诗多必烂。不过，乾隆也不在乎大家的真实评价，因为他听到的都是"佩服""好诗""妙诗""天下无双"之类的，他听着舒服就行了。倘若李白复活，或许会借着酒劲批评他一下：你这么写诗，置我于何处？

此诗被后人勒于碑上，竖于西兴铁岭关外南侧。至今，记得的人也不多，也没有人传诵。

坐在船上的乾隆心花怒放。在他的眼里，这江南的风光，这湘湖的碧波，都令他感到美好。他想这都是自己治国有方（地方官往往也都是报喜不报忧），没给祖宗丢脸。大好河山，都是自己的。普天之下，莫非王土。

浅薄者往往自满。

他看到的都是表面的繁华。实则，这个看似巨无霸的王朝已经开始走下坡路了，危机已悄然呈现。当然，这一点乾隆是浑然不知的。皇帝一般都是这样的，怨不得他。

乾隆皇帝几次下江南，玩的是风花雪月，听的是谄媚之言，吃的是江南名菜，写的是平庸诗作，他相当于休假疗养。他不可能深入群众和贫困户家中，了解民情，倾听民意，然后做出重要指示。他住在豪华的行宫里，自恋式地写诗，吟诗。他是皇帝，他想怎么玩就怎么玩，

跨湖春涨

全天下没有一个人敢说一个"不"字。

每次南巡，开销很大，给当地百姓增加了负担，百姓也是敢怒不敢言。他最后一次南巡据说花费了上亿的银子，他也觉得有点浪费了，于是南巡结束后，他就定了一个规矩，以后不管是哪个皇帝，都不许南巡了。

时代潮流滚滚向前，势不可当。此时的西方，科技开始兴起。1793年，乾隆皇帝在河北承德避暑山庄接见英国的使臣马戛尔尼。马戛乐尼带来了众多的礼物，其中三件礼物不一般：一具大型热气球（航空技术）、拥有100门主炮的"皇家君主"号风帆战舰模型、英国4轮马车模型。这些西方科技制造在乾隆皇帝眼里，算不了什么，他也不感兴趣，更不可能让人去思考去研究了。朝中众臣，也沉浸在泱泱大国的美好幻想之中，他们居然纠结于使者马戛尔尼应该向乾隆皇帝下跪与磕头的事，说这事关国体。西方的那些新科技、新技术他们视而不见。

但乾隆皇帝万万没想到的是，四十九年后的1842年，作为英国远征舰队的旗舰，皇家海军"皋华丽"号战舰一路开到南京江面，鸣放礼炮庆祝《中英南京条约》签订。此艘战舰，也不过装备74门炮。

作为诗人，乾隆基本合格；作为皇帝，严格地说，他或许介于合格和不合格之间，这与他的自我评价相左，在他自己看来，他的能耐与本事，他的文治武功，那是举世无双的，自诩"十全武功"。然而，他丧失忧患意识，陶醉于盛世之中，他过于沉浸在花好月圆的意境之中，没有观照世界，他把清王朝最强盛的岁月潇洒地享受与挥霍了。他之后的百余年，清王朝再也没有这样的好日子了。

第十九篇　湘湖八景皆诗文

湘湖自北宋政和年间成湖以来,名声渐响。至清朝时,因其秀丽风光引人入胜,文人墨客纷至沓来。湘湖就像是他们最大的创作工坊,他们在此抒怀,他们在此休憩,他们面对这一湖秀水,抚慰内心的疼痛。尤其是萧山本地的文人,他们心中视湘湖为精神家园,用真诚、朴实、贴切的诗作表达他们内心对湘湖的热爱,也呈现他们的精神世界。

在清乾隆年间,文人们结合湘湖周边地形,畅想历史人物与传说,对照自然景观然后取名,渐渐形成了"湘湖八景",俗称湘湖老八景,分别是:龙井双涌、跨湖春涨、水漾蛙鸣、湘湖秋月、尖峰积雪、越城晚钟、柴岭樵歌、湖中落雁。这在湘湖西北岸湖里孙村的《湘湖孙氏宗谱》中予以收录。

这老八景核心在于自然景观,唯"越城晚钟"与"柴岭樵歌"这两景,涉及人物。"越城晚钟"一景点出了越王勾践,以及越王城山,以此说明越王勾践与湘湖的关系。清朝萧山诗人孙朝栋有诗云:"闻说当年勾践都,越城高耸沼吴图。僧归山刹日之夕,忽听钟声响满湖。"正如诗中所描述的,越王城山上有寺庙,傍晚时分,寺庙的钟声敲响，钟声在湖面上回荡，深沉而悠远。

"柴岭樵歌"一景则是农业社会的典型写照。一个樵夫在湘湖东南面山脉的柴岭上砍柴，他的爽朗歌声飘荡在湖面上，惊得游鱼沉底。只闻歌声不见人，令人惊奇。或许，他挑着满满的柴担走来，歇脚时，尽情唱一嗓子。不知道这名樵夫曾经是秀才否？他有无故事和文采？不得而知。兴许，是一群樵夫在歇息之时，来了一个赛歌会。萧山诗人孙朝桂有诗云："腰插勾刀背扁挑，三三两两尽吾曹。归来信口无心唱，勿引宫商曲弥高。"诗作直抒胸臆。诗人孙朝桂就是湘湖村人，说不定他就是其中一个樵夫也未可知。

其余六景，均十分形象地道出了湘湖的山水特点。

"龙井双涌"一景有两种说法：一说是指湘湖北有龙头山，似出水蛟龙，不远处，越王城山东南麓有两口水潭；另一说是有双井在孙氏宗祠旁，井泉清澈甘洌，满而不溢，从不干涸。清朝萧山诗人孙光阳有诗云："汩汩争趋双孔收，龙蟠凤翥此间求。百年名世应谁是，须向宗家堂畔流。"从诗作看，这两口水潭或两口水井，都沉淀着浓浓的乡情。诗中所说的"宗家堂"就是孙氏祠堂，也叫"映雪堂"。元朝末年，孙氏族人其中一支迁入湘湖畔，在此开枝散叶。

"跨湖春涨"一景指的是跨湖桥，桥孔大部分被水淹没，露出一小湾桥孔，桥下水流湍急，形成一景。此景的核心在于跨湖桥，此桥位置恰好处于湘湖的中部，两边带堤，如同锦绣玉带卧于碧波之上，具有特殊意义。20世纪90年代，跨湖桥一带考古有重大发现，后被命名为距今8000年的著名的跨湖桥文化遗址。清朝萧山本土诗人孙启文有诗云："春涨湖桥水接天，波涛汹涌势

龙井双涌

难言。渔翁办饵钩休下，舟子招招绝渡船。"诗中描述的景象，一般是春汛之时，江南降水丰富，江河湖水位上升，湘湖之水涨到跨湖桥的桥体位置，形成汹涌之势。

"水漾蛙鸣"一景指的是湘湖中的水漾湖区块。湘湖并非一览无余的平面湖，而是山夹湖，湖夹山，湖中有山，山中有湖。水漾湖又称水漾坞，为一山坞内的湖，三面环山，幽深宁静。春夏之交，蛙声鸣叫，甚是热闹。清朝萧山诗人孙惠公有诗云："水漾青草满芳池，游子停车听鼓吹。无数蛙鸣群和应，公私两为却谁知？"此诗含有深意，尤其是最后一句"公私两为却谁知"，诗人借"惠帝闻蛙"之典故，表达对社会权贵不屑的内心情绪。

"湘湖秋月、尖峰积雪、湖中落雁"三景，分别用"月""雪""雁"作为具体呈现，动静结合，如同一幅绝美的画作。清朝的萧山诗人孙有兴有诗作《湘湖秋月》："冰轮遍照绝无尘，魄落湘湖色倍新。不怕凉秋为爱月，洗杯更酌酒千巡。"诗人孙启山有诗作《尖峰积雪》："尖峰渐见雪澌澌，顷刻堆成白玉脂。仰望云霄频射眼，且烧热火莫敲棋。"诗人孙允文有诗作《湖中落雁》："月落湖中霜满船，惊寒雁阵傍沙眼。飞鸣饮啄皆天趣，谁许时人世网牵。"

令人称奇的是，上文所列的湘湖老八景的诗作的作者均是孙氏族人，是湘湖村人。他们是无名之辈（生卒年、字号、生平皆不详），他们或许只能算乡土诗人，但却都有一颗爱湖之心。他们天天与湘湖为伴，熟悉湘湖就像熟悉自己的庭院。湘湖的一山一水，白天黑夜，春夏秋冬，雁来雁去，尽入他们的眼帘，如同身边的亲人一般亲切。

自然，有更多的外地诗人的诗作也涉及湘湖八景，文采更高，但萧山湘湖村诗人们的诗作显得更为直白，也更有生活气息。正如"尖峰积雪"一景中所指的文笔峰，又叫大尖山，位于湘湖南岸，其挺秀尖尖，成就湘湖第一峰。据说此峰"主文运"，能使湘湖一带文脉传承，文人辈出。冬季，雪最先到达，却最晚融化。文笔峰与这些乡土诗人们之间有着独特的联系，就是湘湖之水了。他们与湘湖的关系宛若鱼和水的关系。湘湖在，文脉在，精神在。

"湘湖八景"以其独特的魅力吸引着各方来客。然而，湘湖也在变化着。随着生存和建设的需要，围湖造田、造窑厂、造砖瓦厂已成为主流，至20世纪五六十年代，湘湖已不再是个湖了，而成了河。湖面越来越小，处于消失的边缘。取而代之的则是湘湖农场、众多的砖瓦厂，挖湘湖之泥制砖，输送到各地。当时社会也兴起了修志的高潮，20世纪80年代的《城厢镇志》里收录了"湘湖八景"，这八景不再是原来的八景，而是新八景。

至于这新八景何时形成，目前没有明确说法。但从新八景的特点上来分析，也应是在清朝时形成。甚至可以这么说，老八景是湘湖村的乡土诗人们创造的，新八景则是萧山的诗人们创造的。这新八景分别是：城山怀古、览亭眺远、先照晨曦、跨湖夜月、杨岐钟声、横塘棹歌、湖心云影、山脚窑烟。20世纪80年代出版的《城厢镇志》将这新八景收录进去了。

"城山怀古"一景最为打动人心，想当年越王勾践曾在此风云起伏。清朝萧山诗人沈堡曾在诗中写道："越王台下草萋萋，越王台上鹧鸪啼。啼尽江山多少恨，游人还唱浣沙溪。"另一位清朝萧山诗人王端履则用"越王城上白云齐，越王城下雨凄凄。一棹跨湖桥外泊，绿杨两岸鹁鸠啼"来描绘此景，抒发内心。两位萧山诗人用同一种心境写下诗作，使得"城山怀古"一景令人回味悠长。

"览亭眺远"一景，说的是湘湖边的一览亭。一览亭踞于石岩山上，近望湘湖，远眺钱江。旁边有一寺庙：先照寺。清朝萧山诗人孙学古有诗云："绝壁临江虎刹雄，江分两岸浙西东。亭中自觉尘寰小，海外疑连弱水通。"诗中的"亭"指的就是一览亭。一览亭也是湘湖附近的制高点，是观赏湘湖全景的最佳位置。

"先照晨曦"一景，说的是先照寺，此寺系南宋古刹，旭日之光先照此寺，故得名先照寺。每当旭日东升，万道霞光首先照亮古寺的黄墙飞檐。先照寺掩映在绿树丛

先照晨曦

中，金碧辉煌，紫烟缭绕，与暗绿色的石岩山一起倒映湖中，景色迷人。明朝魏骥有诗云："兰若岩山巅，凌虚依寥泬。阳乌忽东升，流光每先得。"

"跨湖夜月"一景，说的是湘湖的跨湖桥，与老八景的"跨湖春涨"有所不同，一个说春涨，一个说夜月。从"春涨"到"夜月"，是一种提升。跨湖桥处于古湘湖葫芦形的腰部位置，白天景色迷人，夜晚风韵独特。尤其是秋夜，伫立跨湖桥或坐于桥亭之内，天上一轮圆月倒映湖水中，水波荡漾，月儿也变化多端，令人浮想联翩。此景正好应了跨湖桥亭的一副对联："兰棹乍移寻梦去；银蟾不寐跨湖来。"

"杨岐钟声"一景，是指湘湖西南的杨岐寺有巨型铜钟，一旦敲响，声传四野。清朝诗人王勉有诗云："此中畅得游人意，湫口窑头都作记。借问霜天何处钟，船娘遥指杨岐寺。"

"横塘棹歌"一景，有两种说法，一说横塘是位于湘湖西南堤塘外侧的横筑塘。传说有黄竹栽于塘上，形成竹林。横筑塘长三里，塘内外皆河道，芦苇丛生，是捕鱼捉蟹的好去处。明朝魏骥有诗句云："黄竹依稀范蠡塘。"另一说横塘就是牛埭古埠，商贸发达，棹歌声声，风光秀丽。清代诗人来鸿缙有诗作《舟过横塘筑》："扁舟一棹趁湘波，傍岸间行任着靴。荒坝拖船争踞埠，渔家晒网恰临河。"

"湖山四顾渺无涯，几度低回幽兴赊。水底烟恋云影簇，桥旁渔艇柳阴遮。"明朝诗人来曾奕写的这首诗说的是"湖心云影"一景。春光明媚的日子，登临湘湖中心位置的压乌山，但见湖面似一面巨大的镜子，白云朵朵倒映于湖中，水草游鱼在云朵中穿行。无论是早晨，还是黄昏，云朵变幻，美景也跟着变换。况且压乌山也非寻常之山。著名的鸿门宴上项羽没有采纳范增的计谋，范增以剑碎玉玦愤而离去。传说范增后在古湘湖附近隐居，项羽兵败，自刎乌江，范增十分悲痛，拔剑砍下了西山南岭，向乌江扔去，然力不从心，落入了古湘湖中，于是，湖里多了一座小山——压乌山。

"山脚窑烟"一景，清朝诗人黄元寿有诗云："日暮窑头添新火，轻烟散作半天云。"湘湖泥制砖是湖边居民的传统工作，其时环湖窑所林立，如同一批个体工厂。暮色苍茫之际，湖边山脚下窑烟缥缈，与不远处的炊烟相映成趣，成为湘湖的一道独特风景。

老八景与新八景均是湘湖之景，各有代表，也各有特色，它们见证了湘湖的沧桑与变迁，也向世人呈现了湘湖之美。

21世纪初，萧山区真正动议恢复湘湖，之后，历时

山脚窑烟

十多年,分别完成了湘湖一期、二期、三期的保护与开发建设,圆了百万萧山人的一个梦。今天的湘湖,俨然是一个大湖,水面与西湖不分伯仲,而它的静幽、野性使得人们流连忘返。

参考文献

1.《萧山县志》，浙江人民出版社，1987年。
2.《萧山文化志》，中国卓越出版公司，1990年。
3. 中共萧山区委宣传部、地方志办公室、萧山日报社编：《萧山百年百事》，浙江大学出版社，2000年。
4. 萧山区政协文史委编：《萧山湘湖人物故事》，华文出版社，2019年。
5. ［美］萧邦齐：《湘湖：九个世纪的中国世事》，杭州出版社，2005年。
6. 朱淼水：《萧山历史名人》，杭州出版社，2011年。
7. 朱勇文：《湘湖诗词》，杭州出版社，2016年。
8. 方晨光：《水脉萧山》，中国档案出版社，2011年。
9. 范文澜等：《中国通史》，人民出版社，1994年。
10. 吴熊和、萧瑞峰编选：《唐诗宋词精选》，江苏古籍出版社，2002年。
11. 曹道衡编选：《汉魏六朝文精选》，江苏古籍出版社，2002年。
12. 霍松林编选：《唐诗精选》，江苏古籍出版社，2002年。
13. 程千凡编选：《宋诗精选》，江苏古籍出版社，2002年。
14. 余冠英、韦凤娟编选：《古诗精选》，江苏古籍出版社，2002年。
15. 黄仁宇：《万历十五年》，生活·读书·新知三联书店，2008年。
16. ［汉］司马迁：《史记》，中华书局，1982年。

丛书编辑部

艾晓静　包可汗　安蓉泉　李方存　杨　流
杨海燕　肖华燕　吴云倩　何晓原　张美虎
陈　波　陈炯磊　尚佐文　周小忠　胡征宇
姜青青　钱登科　郭泰鸿　陶文杰　潘韶京
（按姓氏笔画排序）

特别鸣谢

王其煌　邵　群　洪尚之　张慧琴（系列专家组）
魏皓奔　赵一新　孙玉卿（综合专家组）
夏　烈（文艺评论家审读组）

供图单位和图片作者
杭州市园文局

王伯谦　孔童荣　邬大江　寿　健　沈　雷
沈青松　张国栋　赵麟溢　董光中　韩　盛
傅浩军（按姓氏笔画排序）